STEPHEN BEAUMONT

BIER

KOCHEN
KOMBINIEREN
GENIESSEN

PRESTEL

MÜNCHEN · LONDON · NEW YORK

Gewidmet Michael Jackson, der mir so viele Wege aufgezeigt hat, auch den zu diesem Buch.

Copyright der deutschsprachigen Ausgabe:
© Prestel Verlag, München · London · New York, 2016
in der Verlagsgruppe Random House GmbH
Neumarkter Straße 28 · 81673 München

Text © Stephen Beaumont 2015
Design & Layout © Jacqui Small LLP 2015

This book has been produced by Jacqui Small LLP,
a partnership wholly owned by Aurum Press Ltd,
a subsidiary of Quarto Publishing Plc,
74–77 White Lion Street, London, N1 9PF

Projektmanagement: Julie Kiefer
Übersetzung aus dem Englischen: Gabi Krause & Werner Kügler
Coverdesign: April, London
Design & Layout: Namkwan Cho, gradedesign.com
Satz & Lektorat: VerlagsService Dietmar Schmitz GmbH, Heimstetten
Rezeptfotografie: Peter Cassidy
Foodrequisiten: Iris Bromet
Herstellung: Friederike Schirge

Gedruckt in China

ISBN 978-3-7913-8286-9

www.prestel.de

INHALT

VORWORT
6

EINFÜHRUNG
8

VOM WESEN DES BIERES
14

BIERSTILE
24

BIERKULINARISCHE TRADITIONEN
60

BIERKULINARIK HEUTE
78

GUT KOMBINIERT
102

BIER-KÖCHE & IHRE REZEPTE
120

WAS PASST WOZU?
196

DIE ULTIMATIVEN GASTRO-TIPPS
220

REGISTER, BILDNACHWEIS & DANK
222

VORWORT

VON STEPHEN BEAUMONT

AN DIESEM BUCH HABE ICH FAST 30 JAHRE LANG GEARBEITET. IN DEN 1960ER- UND 1970ER-JAHREN, DER ZEIT MEINER KINDHEIT UND JUGEND, WURDE ESSEN ALS EINE ART BRENNSTOFF ANGESEHEN – WIRKLICH LECKER MUSSTE ES NICHT SEIN. ALS KIND BEGEISTERTE ICH MICH AUSSERDEM WENIGER FÜR WIRKLICH SCHMACKHAFTE GERICHTE ALS FÜR FERTIGMAHLZEITEN, DIE ICH AUS DER WERBUNG KANNTE. WICHTIG WAR NICHT DER GESCHMACK, SONDERN DER REKLAMERUMMEL UM NEUE GERICHTE.

Als ich anfing, mich näher mit dem Thema Bierverkostung zu beschäftigen, entdeckte ich immer wieder überraschende Geschmacksnuancen – auch in anderen Getränken und sogar beim Essen. In der Folge notierte ich mir, wie bestimmte Aromen zusammenpassten, und dies war der Beginn meines neuen, kulinarischen Lebens. Sosehr ich diese Geschmackserlebnisse auch genoss (die erstaunliche Süße eines frisch gepressten Zitronensafts, die reizvoll metallische Facette eines englisch gebratenen Steaks, das blumige Aroma eines mit Saazer Hopfen gebrauten Pilseners) – noch faszinierender fand ich es, wenn die Kombination zweier Geschmacksnuancen ein kulinarisches Erlebnis eröffnete, das mehr war als die Summe seiner Teile – für meinen jungen Gaumen ein alchemistisches Wunder der schönsten Art.

Als ich einige Jahre später in Vancouver mit den Arbeiten zu meinem ersten Buch begann (dem *Great Canadian Beer Guide*) organisierte ich meine erste Bier-mit-Schokolade-Verkostung. Die dabei von mir präsentierten Biere waren von untadeliger Herkunft (wie beispielsweise ausgewählte Jahrgänge von *Thomas Hardy's Ale* oder *Samichlaus*), und auch die Schokoladen stammten von einem hervorragenden lokalen Hersteller. Zunächst erntete ich nach meinen einführenden Worten einige skeptische Blicke, trat aber unerschrocken den Marsch durch meine acht Kombinationen an. Spätestens nach der dritten Kostprobe konnte ich feststellen, dass die anfänglichen Zweifel meiner Gäste genussvoller Begeisterung gewichen waren. Und zu guter Letzt klopfte mir eine fröhliche Runde von Bierfans dafür auf die Schulter, dass ich sie zum Glauben an den Genuss von Bier mit Schokolade bekehrt hatte.

Im Laufe der beiden folgenden Jahre veranstaltete ich Bierverkostungen, sooft ich Gelegenheit dazu hatte. Ich servierte ausgesuchte Biere – mal in Kombination mit Schokolade, mal mit Käse, manchmal auch (damals noch ziemlich ungewöhnlich) in Form eines Bier-Dinners, und fasste die Erkenntnisse in meinem zweiten Buch (*A Taste for Beer*) zusammen.

Gute Biere mit bestimmten Gerichten zu kombinieren erfreut sich in jüngster Zeit immer größerer Beliebtheit und der Grund dafür liegt auf der Hand: Wenn man die Gelegenheit hat, zwei Geschmacksnoten so zu verbinden, dass sie etwas ergeben, das besser ist als die Einzelteile für sich, wäre es ja schade, diese Möglichkeit nicht zu nutzen. Es gibt sogar schon Restaurants, die sich darauf spezialisiert haben, und dieses Buch feiert die Optimierung der Verbindung von Bier und Kulinarik. Es soll aufzeigen, warum manche Kombinationen stimmig sind und andere nicht.

EINFÜHRUNG

EINFÜHRUNG

TRINKKULTUR IN KURZFORM

WENN MAN IN RESTAURANTS NACH DEM APERITIF (VIELLEICHT NACH EINEM GLAS MARTINI, CHABLIS ODER PILS) ZUM HAUPTGANG ÜBERGEHT, WIRD ALS ZUM ESSEN PASSENDES GETRÄNK MEISTENS WEIN BESTELLT – WARUM EIGENTLICH?

Viele Leute wissen vermutlich gar nicht, warum sie Wein im Restaurant den Vorzug geben, sind aber höchstwahrscheinlich überzeugt davon, das einzig Richtige zu tun.

Praktisch (für das Restaurant zumindest) ist, dass eine Flasche Wein gerade mal für sechs Gläser reicht. Rechnet man pro Person auch nur 125 Milliliter des edlen Tropfens, bedeutet das, dass kurz darauf eine zweite Flasche bestellt werden muss. Manchmal fällt die Wahl selbst dann auf Wein, wenn höchst unterschiedliche Speisen bestellt werden, wie Fleisch-, Gemüse-und Fischgerichte. Und der meist hohe Preis, den die Restaurants für den Rebensaft berechnen, ändert nichts daran. Warum ist das so?

Vor allem wohl aufgrund einer Laune der Geschichte: Im größten Teil der westlichen Welt, nicht zuletzt in der englischsprachigen, hatte sich die Esskultur lange Zeit an der gehobenen Küche des französischen Hofes orientiert. Die »Haute cuisine« legte spätestens im 19. Jahrhundert die Gänge eines stilvollen Essens in ganz Europa fest. Dabei wurde die Kunst, »à la française« zu speisen, nach sehr genauen Vorgaben definiert, wie es Margaret Visser in ihrem wegweisenden Buch *The Rituals of Dinner* beschreibt. Der französischen Küche verdanken wir zahlreiche gastronomische Begriffe, wie beispielsweise die Worte »Menü«, »Serviette«, »Sauce« oder »Dessert« – um nur einige zu nennen. Und nicht nur bestimmte Begriffe, sondern auch Tischsitten wurden von den nicht-französischen Staaten übernommen, wie etwa der Aperitif als Getränk vor dem Essen oder das Gedeck nach französischer Art, mit einer Vielzahl von Messern, Gabeln und Löffeln. Die Restaurants wetteiferten geradezu darin, es den Franzosen gleichzutun. Und servierten zum Essen natürlich Wein.

Man trank Wein, weil die Franzosen ihn tranken (und sie tun es immer noch, da sie in einem Wein produzierenden Land leben) – nicht weil Wein unbedingt besser zu gutem Essen passt als Bier, sondern weil Wein in Frankreich seinen festen Platz als bevorzugtes Getränk hatte. Hätte man die gastronomischen Gepflogenheiten aus einem anderen Land importiert, könnte die Sache ganz anders aussehen. Und auch Visser bezeichnet das Nebeneinander von Wein und Bier in ihrem *The Rituals of Dinner* als die beiden Seiten ein- und derselben Medaille:

»WEIN UND BIER KÖNNEN STARKE SOZIALE ROLLEN ÜBERNEHMEN ... DA DIE LEUTE SIE DAZU BESTIMMT HABEN. MAN TRINKT SIE IN EUROPA ZUM ESSEN, WEIL SIE NICHT GEBRANNT, SONDERN VERGOREN WERDEN UND ALS NAHRHAFT UND GESUND GELTEN, WIE DAS ESSEN SELBST. SIE ERSCHEINEN HARMLOSER ALS ANDERE ALKOHOLISCHE GETRÄNKE, DA SIE BEI TISCH GENOSSEN WERDEN.«

Lägen die Wurzeln der westlichen Gastronomie nicht in Frankreich, sondern in England, Tschechien oder Bayern, würden wir zum Essen heute vermutlich seltener Bordeaux und Burgunder, dafür öfter Pale Ale, Pilsner und Weißbier bestellen.

GEGENÜBER OBEN: Das »Pub« ist einer der Orte, an denen Bier und Speisen seit Jahrhunderten in Kombination aufgetischt werden.

GEGENÜBER UNTEN: Die Auswahl an zu bestimmten Gerichten passenden Bieren war niemals größer als seit Beginn des 21. Jahrhunderts. Ob hell oder dunkel – für jede Art von Speisen gibt es heute das ideale Bier.

JAHRTAUSENDE VON BRAUERFAHRUNG

In der westlichen Gesellschaft wird Alkohol allgemein geschätzt: Wir trinken ihn zu festlichen Anlässen, am Feierabend, auf großen Volksfesten oder in privater Runde. Wir betrachten Alkohol als soziales Elixier und er ist teilweise sogar Bestandteil unserer Mahlzeiten. Wird er den Leuten vorenthalten (wie in der amerikanischen Prohibitionszeit), tun sie alles, um sich welchen zu beschaffen.

Von allen heute bekannten alkoholischen Getränken ist Bier höchstwahrscheinlich das älteste. Archäologen zufolge trinkt man den alkoholisch vergorenen Getreidesud schon seit mindestens 10 000 Jahren, vielleicht sogar noch länger. Wann erstmals Bier gebraut wurde, gilt als ungeklärt, aber die Wissenschaft geht davon aus, dass es in Mesopotamien war. Das antike Sumer, allgemein als die »Wiege der Zivilisation« bezeichnet, lag in der fruchtbaren Ebene zwischen Euphrat und Tigris am Persischen Golf. Die Historiker glauben, dass hier erstmals Menschen das Nomadentum aufgaben und sich in Gemeinschaften niederließen, die Landwirtschaft betrieben. Und Auslöser dafür war möglicherweise das Bier.

Einer Theorie zufolge war nämlich einer der Gründe, weshalb die Sumerer ihr Wanderleben gegen die Sesshaftigkeit eintauschten, die Möglichkeit, Getreide anzubauen – ein wichtiges Grundnahrungsmittel und die Hauptzutat beim Bierbrauen. Möglicherweise war das Bier den Sumerern derart wichtig, dass sie sich schon allein deshalb dem Ackerbau zuwandten, da es galt, die zum Bierbrauen erforderlichen Getreidemengen zu gewinnen.

Auch im alten Ägypten war das Braugewerbe ein florierender Wirtschaftszweig. Bier wurde professionell hergestellt und in allen Landesteilen vertrieben. Kriege wurden mit Geldern geführt, die mit dem Verkauf von Bier erwirtschaftet wurden, und Arbeiter wurden mit Bier entlohnt. Der Bierstil war sogar ein sozialer Faktor: Es gab eine strenge Hierarchie bei der Frage, wer welches Bier trinken durfte, wobei das beste natürlich der Familie des Pharaos vorbehalten war.

Die ägyptische Braukunst beeindruckte bereits die alten Römer. In einem Bericht aus dem 1. Jahrhundert v. Chr. heißt es, die Ägypter hätten »ein Gerstengetränk … vom Aroma und der Süße her kaum weniger gut als Wein«. Ein großes Kompliment aus dem Munde erklärter Weintrinker.

Schon bei den Sumerern und Ägyptern war der Nährwert des »flüssigen Brotes« ebenso geschätzt wie seine berauschende Wirkung – Bier genoss nicht nur als soziales Elixier Hochachtung, sondern auch als zeremonielles Mittel. Und auch in den folgenden Jahrtausenden spielte es als Nahrungs- und Genussmittel im täglichen Leben der Menschen eine wichtige Rolle.

In Europa blieb die Bierherstellung lange Zeit vorwiegend auf Bauernhöfe und Klöster beschränkt. Mönche waren die ersten professionellen Braumeister der westlichen Welt, bis sich schließlich Gasthöfe entwickelten, in denen Wirte die Reisenden gegen eine feste Zeche mit Speis und Trank versorgten.

LINKS: Die Darstellung auf einem ägyptischen Gedenkstein der 18. Dynastie zeigt einen Bier trinkenden syrischen Söldner in Gesellschaft seiner ägyptischen Frau und seines Kindes.
GEGENÜBER: Das Gemälde von Pieter Brueghel dem Jüngeren zeigt *Bauern auf der Dorfstraße vor dem Wirtshaus zum Schwan*, 1630.

Vor dem Aufkommen der Gasthöfe mussten Reisende in Wald und Flur unter freiem Himmel übernachten oder Unterschlupf in einem Kloster suchen (im Idealfall mit Brauerei). In den Bier trinkenden Ländern Nordeuropas war die Entstehung der Gastronomie insofern wichtig für die Entwicklung des Braugewerbes, als ein Gasthof ohne eigene Brauerei undenkbar gewesen wäre. Auf diese Weise begann die Ära des gewerbsmäßigen Bierbrauens in Europa, und lange war das Biertrinken eng mit Essen und Gastlichkeit verbunden.

Mit der Zeit veränderte sich das zumindest teilweise. Das Biertrinken wurde mehr und mehr von der Gastronomie abgekoppelt. Das ging so weit, dass viele Wirte ihr Angebot an Speisen nur noch als Nebensache betrachteten – wenn sie sich überhaupt noch damit abgaben und keine reinen Schankstuben betrieben.

In Großbritannien erlebte das Angebot an Speisen in den Pubs einen langsamen, aber unaufhaltsamen Niedergang. In den Vereinigten Staaten tat die Prohibition ihr Übriges, und als das Bier schließlich doch wieder erlaubt wurde, war es schlicht und einfach ein Getränk neben anderen.

Zum Glück haben der Vormarsch der Craft-Bier-Bewegung und die Ausbreitung der »Gastropubs« (so skeptisch dieser Ausdruck auch angesehen wird) seit Anfang der 1990er-Jahre für eine deutlich erkennbare Verbesserung des Speisenangebots in Bars und Kneipen gesorgt. Letztlich führte das dazu, dass das Pendel wieder zurückschwang und dass »Bier bei Tisch« heute wieder angesagt ist – und zwar nicht nur an der Imbissbude zu *Pizza*, *Chicken Wings* oder einer großen Portion *Fish & Chips*, sondern auch im Restaurant zu *Steaks*, *Paella*, *Sushi* und allem, was uns die vielfältige Welt der internationalen Küche sonst noch bietet.

Sogar Wein trinkende Länder wie Frankreich und Italien öffnen sich mittlerweile der Welt des Bieres, sodass auf so manchem römischen oder Pariser Restauranttisch Chianti und Sauvignon blanc durch ober- und untergärig gebraute Biere ersetzt werden.

Das Bier ist wieder da, und das ist wahrhaftig ein Grund zum Feiern – selbstverständlich mit wunderbaren Brauerzeugnissen, die hervorragend zu den köstlichen Produkten sowohl einfacher als auch gehobener oder sogar exquisiter Kochkunst passen.

⫸— VOM WESEN —⫷
DES BIERES

VOM WESEN DES BIERES

BRAUZUTATEN & AROMENVIELFALT

IM GRUNDE IST BIER EIN EINFACH HERZUSTELLENDES ALKOHOLISCHES GETRÄNK: GETREIDE IN WASSER ZUM KEIMEN BRINGEN; DAS GEKEIMTE KORN DARREN, ZU MALZ SCHROTEN UND UNTER ZUGABE VON HOPFEN KOCHEN; DEN SUD FILTERN, ABKÜHLEN LASSEN UND MITHILFE VON HEFE GÄREN LASSEN.

WASSER + MALZ + HOPFEN + HEFE = BIER
Hinter diesem eigentlich simplen Grundprinzip stecken komplexe alchemistische Vorgänge. Ganz so einfach ist die Gleichung nicht umzusetzen, denn Geschmack und Charakter eines Bieres werden von zahlreichen Faktoren beeinflusst.

So führt etwa der Einsatz größerer Malzmengen zu einem höherem Zuckergehalt des unvergorenen Bieres, (der sogenannten Würze), was zu einem höheren Alkoholgehalt oder einer größeren Restsüße führen kann. Eine Hopfengabe zu Beginn des Kochens wird den Bitterkeitswert des Bieres erhöhen, eine Hopfengabe am Ende der Kochzeit dem Bier mehr Aromen verleihen. Vergärt man die Würze mit untergärigen Hefestämmen bei kühleren Temperaturen, wird untergäriges Lagerbier gebraut, beim Einsatz anderer Hefesorten und wärmerer Temperaturen obergäriges Bier wie Pale Ale – und das sind nur einige der zahlreichen Entscheidungen, die ein Brauer treffen muss, denn es gilt noch viele weitere Dinge zu klären: Soll das Bier nach deutschem Reinheitsgebot nur aus Malz, Hopfen, Hefe und Wasser gebraut werden? Sollen zu einem bestimmten Zeitpunkt Gewürze zugesetzt oder Zucker für die Nachgärung beigefügt werden? Soll das Aromenspektrum eine Zitrusnote aufweisen, einen Hauch tropischer Früchte oder eine nussige Würze? Soll das Bier dunkel, kräftig und malzig oder hell, schlank und hopfig sein? Gefiltert, naturtrüb, im Fass gereift oder in der Flasche vergoren? Und damit wäre die Checkliste noch lange nicht zu Ende.

All das stellt den Biertrinker vor die Frage, was genau ihn bei einem bestimmten Bier erwartet, dessen Etikett ihm nur knappe Informationen liefert. Die Grundinformation ist der Bierstil (freilich nur so weit, wie sich die Brauerei an die Konventionen hält). Auch die Brauweise verrät einiges über die Qualitäten eines Bieres, angefangen bei der Malzsorte bis hin zur Temperatur, bei der das Bier vergoren wird. Aber niemand muss Brauwesen studieren, um in der Lage zu sein, sich für einen bestimmten Bierstil zu entscheiden – eine kurze Einführung sollte genügen. Beginnen wir einfach mit den Grundzutaten – und zwar mit der prozentual größten, dem Wasser.

RECHTS: Die Verwendung selbstklebender, von Hand aufgebrachter Etiketten ermöglicht es kleinen Brauereien wie Harbour Brewing in Cornwall, ihr Flaschenbier kostengünstig zu vertreiben.

GEGENÜBER: Die sich selbst als »extrem« bezeichnenden Köpfe hinter BrewDog führen die britischen Craft-Bier-Stile und das Marketing in bisher unbekannte Höhen.

WASSER

Über das Wasser, aus dem Bier zu 90–96 Prozent besteht, machen sich nur wenige Bierliebhaber Gedanken. Kaum einer tut das, kein Grund also für ein schlechtes Gewissen.

WASSER IST DER WICHTIGSTE UND ZUGLEICH NEBENSÄCHLICHSTE BESTANDTEIL VON BIER.

Da Wasser einen relativ neutralen Geschmack hat, kann man seinen Einfluss auf das, was der normale Biertrinker an Aromen im Bier ausmachen kann, als vernachlässigbar betrachten. Für den Brauer hingegen ist die Zusammensetzung des Brauwassers von herausragender Bedeutung, denn es bestimmt grundsätzlich den Charakter seines Bieres. Die Beschaffenheit des Wassers ist sogar so wichtig, dass diesem Thema ganze Abhandlungen gewidmet wurden. Worauf es ankommt, ist der Gehalt an im Wasser gelösten Mineralien. Die Summenformel (H_2O) definiert Wasser grundsätzlich als Molekülverbindung aus je einem Sauerstoff- und zwei Wasserstoffatomen, aber Kalk- oder Salzgehalt des Wassers beeinflussen die Struktur und den Geschmack. Je nach Beschaffenheit des Bodens oder der städtischen Wasserwerke weist Wasser ganz spezielle Eigenschaften auf, und diese wiederum haben Einfluss darauf, wie gut es sich als Brauwasser für einen bestimmten Bierstil eignet.

Heutzutage können die Brauereien ihr Wasserprofil relativ leicht an den jeweiligen Bierstil anpassen, was natürlich nicht immer so einfach war. Früher siedelten sich

die Brauereien daher gerne in der Nähe von besonders gut zum Brauen geeigneten Quellen an.

In England war einer dieser Brennpunkte des Braugewerbes das mittelenglische Städtchen Burton-upon-Trent, das lange als Hochburg der Pale Ales galt. Es verdankt seinen Platz in der Braugeschichte dem Zusammentreffen mehrerer Faktoren, wobei das Vorkommen artesischer Quellen in dieser Region einer der wichtigsten war. Das mineralsalzhaltige Quellwasser eignete sich besonders gut zum Brauen der in England beliebten »Bitters«. Das ging so weit, dass in Burton schließlich Dutzende Brauereien existierten, obwohl es nur ein paar Tausend Einwohner hatte. Die stark gehopften, aromatischen Biere aus Burton wurden derart geschätzt, dass noch heute einige Brauereien ihr Wasser »burtonisieren«, also mit Mineralsalzen wie Calcium- oder Magnesiumsulfat versetzen. Dieses Wasserprofil gilt bei vielen Brauern als ideal für die Herstellung von Bitters und India Pale Ales (IPAs).

Umgekehrt kommen die blumigen, sanften Geschmacksnoten des Saazer Hopfens durch das weiche Wasser Böhmens besonders gut zur Geltung, was das feine und duftig leichte tschechische Pilsner auszeichnet. Diesem speziellen Stil eifern Brauereien auf der ganzen Welt nach und demineralisieren deshalb vielerorts ihr Brauwasser. Für den privaten Biertrinker und Hobbybrauer sind jedoch weit wichtiger als bestimmte Wasserprofile sicherlich die übrigen Zutaten.

GEGENÜBER: Früher war die Zusammensetzung des Trinkwassers am Brauereistandort entscheidend für den Geschmack eines Bieres. Heute können die Brauereien durch entsprechende Techniken das Wasserprofil künstlich verändern.

UNTEN: Die britische Purity Brewing Co. in Warwickshire »recycelt« ihr Wasser auf den angrenzenden Feuchtwiesen.

MALZ & HEFE

MALZ ist die Grundzutat beim Bierbrauen. Um Getreide in Malz zu verwandeln, werden die Körner in Wasser eingeweicht, bis sie keimen (Grünmalz). Durch den Keimvorgang entstehen im Korn Enzyme, die später für den Stärke- und Eiweißabbau während des Brauens wichtig sind, denn sie sorgen beim Kochen für die Umwandlung der Stärke in vergärbaren Zucker. Dann wird die Keimung der Körner durch Erhitzen und Trocknen beendet, was den Geschmack des Bieres maßgeblich beeinflusst. Durch das »Darren« entsteht helles Malz, das als Basis beim Brauen dient. Es liefert vergärbare Mehrfachzucker wie Maltose und sorgt für einen leicht süßlichen Geschmack.

Zur Malzherstellung verwendet man meist zweireihige Gerste (so bezeichnet aufgrund ihrer zweireihigen Fruchtstände). Sie wird in großen Silos gelagert, die (von Kleinstbrauereien abgesehen) zur Grundausstattung jeder Brauerei gehören. Malz kann aber auch aus Weizen, Roggen, Hirse und anderen Getreidesorten hergestellt werden.

Helles Malz kann durch Rösten zu speziellen Malzsorten weiterverarbeitet werden, die man zur Herstellung bestimmter Bierstile benötigt. Die dadurch erzielten Farbtönungen des Malzes (und der Biere) reichen von hell (wie leicht getoastetes Weißbrot) über hellbraun und karamell bis dunkelbraun und schwarz. Wenn ein bernsteinfarbenes Lagerbier Toffee- oder Karamellaromen aufweist, liegt das an karamellisiertem Malz. Stößt man in einem *Porter* oder *Stout* auf Kaffeenuancen, sind sie meist schwarz geröstetem Malz oder unvermälzter Röstgerste zu verdanken, die als Geschmacksergänzung zugesetzt werden. Schmeckt das Bier rauchig, wurde es vermutlich mit Malz gebraut, das nicht indirekt, sondern über offenem Holzfeuer gedarrt wurde.

Außer für die unterschiedlichsten Geschmacksnuancen ist das Malz für die Farbe des Bieres verantwortlich – es sei denn, es wurden noch Früchte oder Karamell beigegeben. Die Farbe hat nichts mit Kalorien- oder Alkoholgehalt eines Bieres zu tun, beide werden weitgehend von der für die Gärung verfügbaren Zuckermenge bestimmt. Den größten geschmacklichen Einfluss nimmt Malz in Kombination mit Hefe.

HEFE bewirkt die Bildung von Alkohol und Kohlendioxid – ohne Hefe käme es zu keiner Gärung. Lange Zeit wusste man in der Geschichte des Brauens nicht, wodurch die Gärung ausgelöst wurde, man wusste nur, dass sie etwas bewirkte. Die bayerischen Brauer schöpften vom Gärbottich einen Schaum ab, den sie als »Gottesgut« bezeichneten. Sie wussten, dass man ihn wieder als Gärmittel einsetzen konnte, aber nicht, warum das so war. Und die Brauer des Altertums hatten sicherlich ähnliche Erfahrungen gemacht.

1876 war es Louis Pasteur gelungen, Hefe zu isolieren und von anderen Mikroorganismen zu trennen, die den Geschmack des Bieres verderben konnten. Das führte schließlich zu der Erkenntnis, dass zum Brauen gezielt zwei Hefefamilien eingesetzt werden können, die zwei unterschiedliche Bierarten erzeugen:

OBEN: Gerste liefert Zucker für die Gärung. Dazu muss sie eine Zeit lang keimen und in Malz umgewandelt werden.

GEGENÜBER: Durch die Hefe entsteht bei der Gärung nicht nur Alkohol, sondern auch die für die allermeisten Bierstile typische Kohlensäure.

Als Brauhefen dienen generell Zuckerhefen der Gattung *Saccharomyces*. Sie umfassen verschiedenste Arten von Hefen, von denen hauptsächlich *Saccharomyces cerevisiae* und *Saccharomyces carlsbergensis* (bzw. *Saccharomyces pastorianus*) zum Einsatz kommen. Mit letzterer, als untergärig bezeichneter Hefe, wird Lagerbier gebraut. Erstere wird als obergärig bezeichnet, da sie Geflechte an der Oberfläche der Würze bildet und nach oben steigt, am wirksamsten bei wärmeren Temperaturen. Sie dient unter anderem zum Brauen von Ales und erzeugt besonders viele Ester und fruchtige Geschmacksnoten. Diese (ob deutlich als Beeren-, Pfirsich- oder sonstige Aromen auszumachen oder subtil) bewirken in der Regel ein volleres Mundgefühl und verleihen dem Bier besonders viel Charakter.

Die Hefepilze interagieren mit dem durch das Kochen der Würze aus dem Malz gewonnenen Zucker. Sie erzeugen Alkohol und Kohlendioxid und sorgen für komplexe Geschmacksprofile, deren Nuancen sich aufgrund ihrer Vielzahl kaum spezifizieren lassen. Die für deutsche Weizenbiere typischen Bananen- und Nelkennoten beispielsweise sind meist einer besonderen Gruppe obergäriger Hefen zu verdanken.

Zur Geschmacksgebung verwenden einige Brauer für ihre Biere neben *Saccharomyces cerevisiae* und *Saccharomyces carlsbergensis* auch diverse andere Hefen und Mikroorganismen.

Biere, die unter Spontangärung oder unter Zugabe von *Brettanomyces* (*Dekkera bruxellensis*-Hefen) und Milchsäurebakterien wie *Pediococcus* und *Lactobacillus* entstehen, werden als »Sauerbiere« bezeichnet. *Brettanomyces* erzeugen beim Brauen ansprechend erdige oder dumpfe Aromen und Geschmacksnoten, wie man sie beispielsweise beim belgischen Lambic-Bier schätzt. Viele denken, die Hefe sorge für den säuerlichen Geschmack, de facto ist dieser aber den Milchsäurebakterien zu verdanken, die mit ihr zusammen eingesetzt werden. Früher (und teilweise heute noch) vergor man diese Biere durch Spontangärung, heute verwenden die meisten Sauerbierbrauer kultivierte Versionen von Wildhefen und Milchsäurebakterien, oder aber auch Mischgärung.

HOPFEN

So wichtig Hefe und Malz für das komplexe Geschmacks- und Aromenprofil von Bier auch sein mögen, ihr Beitrag wird noch von einer Pflanze übertroffen, über die viele Bierfreunde kaum etwas wissen. Die Rede ist von einer bestimmten Sorte von Hanfgewächs, *Humulus lupulus*, besser bekannt als Hopfen.

Der Hopfen (beim Bier ursprünglich als Konservierungsmittel eingesetzt), ist eine lindgrüne Kletterpflanze, die in einer Saison bis zu 6 Meter hoch werden kann, was einem täglichen Wachstum von etwa 30 Zentimetern entspricht. Die reifen Dolden der weiblichen Hopfenpflanzen werden geerntet und getrocknet, um ihren fürs Bierbrauen so wichtigen Bestandteil zu konservieren, ein gelbliches Drüsenpulver namens »Lupulin«.

Die gedarrten Dolden werden zumeist pelletiert und zwecks Frischhaltung vakuumverpackt, manchmal aber auch im Ganzen abgepackt oder frisch verwendet. Die Lagerung erfolgt unter Kühlung. Im Sudhaus wird der Hopfen der Würze beim Kochen beigegeben. Erfolgt die Zugabe zu Beginn des Kochvorgangs, sorgt er vor allem für Bitterkeit, spätere Hopfengaben dienen primär dazu, dem Bier Aroma zu verleihen. Zusätzlicher Aromahopfen wird manchmal auch nach dem Kochvorgang in der Reifungsphase nach der Hauptgärung beigegeben, was als »Kalthopfung« bezeichnet wird. Zum Brauen bestimmter Biere (vor allem Pale Ales oder India Pale Ales) wird manchmal auch frisch geernteter, nicht getrockneter Hopfen in Form einer »Grünhopfung« zugegeben.

IN DEN RICHTIGEN MENGEN SORGT DER HOPFEN FÜR EINE ANGENEHM TROCKENE BITTERKEIT, DURCH DIE SOGAR EIN GEHALTVOLLES, MALZIGES LAGERBIER ZUM ERFRISCHENDEN DURSTLÖSCHER WERDEN KANN. IN LETZTER ZEIT WIRD HOPFEN GERNE IN RELATIV GROSSEN MENGEN BEIGEGEBEN, UM KRÄFTIGE BITTERKEITSWERTE UND VIELFÄLTIGE AROMEN ZU ERZEUGEN, DIE MANCHMAL, ABER NICHT IMMER, VON EINEM SOLIDEN MALZGESCHMACK GESTÜTZT WERDEN. AUF DIESE WEISE KOMMEN DIE GESCHMACKSNUANCEN DER VERSCHIEDENEN HOPFENSORTEN VOLL ZUR GELTUNG.

Ohne auf jede einzelne Möglichkeit einzugehen, sollen nun kurz einige der wichtigsten Geschmacksrichtungen vorgestellt werden, die mit verschiedenen Hopfensorten erzeugt werden können. So bewirken, ganz allgemein gesagt, Hopfensorten aus den traditionellen europäischen Anbaugebieten (Kent in England, die Hallertau in Bayern, Saaz in Böhmen) eher dezente Aromen und sorgen für Geschmacksassoziationen wie blumig, würzig und nussig.

Hopfen aus der Neuen Welt wie die amerikanischen »C-Sorten« (Cascade, Centennial, Chinook und Citra) und ähnliche sorgen für starke Aromen wie Zitrus, Passionsfrucht und sogar Kiefernharz.

Noch moderner sind neuseeländische Arten wie Motueka und Nelson Sauvin und der in Australien angebaute Galaxy, die spezielle Tropenfruchtnoten erzeugen.

In jüngster Zeit hat ein deutsches Flavourhopfen-Projekt zu erstaunlich fruchtigen Sorten geführt, von denen eine den für sich sprechenden Namen *Mandarina Bavaria* trägt. Weitere Hopfenvarianten mit immer spezielleren Geschmacks- und Aromanoten werden wohl folgen.

LINKS: Hopfen diente anfangs der Konservierung von Bier. Heute gibt es die verschiedensten Arten – mit dezentem Aroma wie bei Hopfen aus Kent bis hin zu US-Sorten mit markanten Zitrusnoten und den New-World-Hops mit Tropenfruchtaromen.

ANDERE BRAUZUTATEN

GETREIDE: In Deutschland und anderswo halten sich viele Brauereien immer noch streng an das »Reinheitsgebot«, das die Bierzutaten auf Gerstenmalz, Hopfen, Wasser und Hefe begrenzt. Die internationalen Craft-Bier-Brauer lassen sich von solchen Vorgaben allerdings nicht einschränken, was bereits zu einigen interessanten Neuerungen geführt hat. Bei einigen modernen Rezepturen kommen Getreidesorten wie Roggen oder Hafer zum Einsatz, aber auch Buchweizen, Sorghum und Pseudogetreide, die für glutenfreie Biere verwendet werden – und natürlich Weizen. Er dient seit Langem zur Herstellung von bekannten Stilen wie deutschem Weißbier, belgischem Witbier (bzw. Bière blanche) und amerikanischem Weizen-Ale, dessen Bandbreite von sanften goldgelben Ales bis zum potenten Wheat Wine reicht. Der von den Brauereien jahrzehntelang gemiedene Roggen feiert zurzeit ein Comeback. Er erscheint in Roggen-Pale-Ales und Rye-PAs, also India Pale Ales, die mit einem Anteil Roggenmalz gebraut werden. Hafer findet man in Oatmeal-Stouts, denen er eine sahnige Konsistenz verleiht, aber auch in Brown Ales und anderen Biersorten.

VOR DER ZEIT DER GEHOPFTEN BIERE (UND DIE MACHT 90 PROZENT IN DER GESCHICHTE DES BIERES AUS), WURDEN BEIM BRAUEN ALLE MÖGLICHEN FRÜCHTE, KRÄUTER UND GEWÜRZE VERWENDET, VON WACHOLDERBEEREN ÜBER KORIANDER UND HEIDEKRAUT BIS ZUR SUMPFMYRTE. ES SOLLTE DAHER NICHT ÜBERRASCHEN, DASS MODERNE BRAUER IHRE BIERE WIEDER MIT DIESEN UND VIELEN WEITEREN ZUTATEN VERFEINERN.

FRÜCHTE: Fruchtbiere stellen eine eigene Kategorie dar und es gibt sie in sehr unterschiedlichen Sorten. Belgische Lambic-Brauer lassen ihre spontan vergorenen Weizenbiere mit ganzen Kirschen, Himbeeren und anderen Früchten erneut gären. Die fertigen Biere sind sehr trocken, weisen aber Farbe, Aromen und Geschmack der zugesetzten Früchte auf. Manche Brauer setzen ihren vergorenen und gereiften Bieren einfach Fruchtsäfte oder Extrakte zu, wodurch süße und fruchtbetonte Biere entstehen, andere verwenden Fruchtaromen im Verein mit nicht fermentierenden Süßstoffen. Auch der Stil des Bieres kann variieren: Vom üblichen hellen Weizenbier bis hin zu Stout, Porter oder Barley Wine kann alles mit Früchten im Fass reifen.

GEWÜRZE: Eine ähnliche Vielfalt gibt es bei gewürzten Bieren. Koriander und Orangenschalen gelten als unabdingbar für Weizenbiere im belgischen Stil, es gibt aber auch Biere, die mit einem ganzen Küchenschrank an Kräutern und Gewürzen aufwarten. Manchmal beruht der Charakter des Bieres fast zur Gänze auf Gewürzen, während in anderen ein geschickt eingesetzter Aromaträger einem klar definierten Geschmacksprofil eine feine Spitze aufsetzt. Da die modernen Brauer eine verwegene Schar von Ikonoklasten sind, kann man sich kaum etwas vorstellen, das sie nicht schon ausprobiert hätten: Tabakblätter? Natürlich. Möhrenbier? Hat die ehemalige Kitchen Brewery in England bereits hergestellt. Kumquat-IPA? Klar, Dieu du Ciel's *Disco Soleil* aus Kanada ist umwerfend. Doughnuts? Sogar das – anhand einer Reihe von Bieren, die Rogue Ales in Zusammenarbeit mit Voodoo Doughnut in Oregon produziert, kann man sich davon überzeugen.

OBEN: Seit Jahren schon verleihen Roggen, Hafer, Früchte und Gewürze Bieren zusätzliche Geschmacksnoten. Weltweit ist bei Craft-Brauern ein Trend zu interessanten Brauzutaten festzustellen.

BIERSTILE

BIERSTILE

DEN ÜBERBLICK BEHALTEN

1977 FASSTE MICHAEL JACKSON WISSENSWERTES ÜBER DIE WELT DES BIERES IN SEINEM STANDARDWERK *DAS GROSSE BUCH VOM BIER* **ZUSAMMEN, DAS HEUTE WELTWEIT ALS ERSTER VERSUCH IN DIESER RICHTUNG GILT. OHNE DIE OBERBEGRIFFE »LAGERBIER« UND »ALE« ZU BEMÜHEN, BENENNT ER 24 STILE.**

Als im Oktober 2014 in Denver 222 Juroren zusammenkamen, um bei der Great American Beer Festival Competition amerikanische Ales und Lagerbiere zu beurteilen, teilten sie diese in 90 Kategorien ein – eine eindrucksvolle Zahl. Mittlerweile hat der amerikanische Brauerverband 51 weitere Kategorien anerkannt, sodass man auf insgesamt 141 Bierstile kommt.

DIE INFLATION DER BIERSTILE LÄSST SICH WOHL DARAUF ZURÜCKFÜHREN, DASS ES BEI DEN CRAFT-BRAUEREIEN IN DEN LETZTEN 30-40 JAHREN EINEN ÄHNLICHEN BOOM GAB. ALLERDINGS HAT DER VERSUCH, JEDES BIER EINER KATEGORIE ZUORDNEN ZU WOLLEN, MITTLERWEILE EHER DAS GEGENTEIL VON DEM BEWIRKT, WAS ES EIGENTLICH BEZWECKEN SOLLTE – ES VERWIRRT MEHR ALS ZU VEREINFACHEN.

Kehren wir jedoch erst mal zu Jacksons bahnbrechendem Buch zurück. Es stammt aus einer Zeit, in der Bier in erster Linie etwas Nationales, ja Regionales war, aber nichts Globales. Wenn Jackson darin Bierstile definierte, so wollte er den Konsumenten ein Regelwerk an die Hand geben, das zeigte, dass etwa ein traditionell gebrautes belgisches Lambic ein ganz anderes Trinkerlebnis darstellt, als ein britisches Bitter oder ein deutsches Märzen. Und damals ging dieser Anspruch auf.

Heute schimmert beim Bierstil oft das Marketing durch, sodass die Beschreibung eines Bieres zwar durchaus mit dessen Geschmack zu tun hat, ebenso viel aber auch damit, was gerade angesagt ist. Dies erklärt die in den letzten beiden Jahren ausgebrochene Vermehrung der India Pale Ales in Form schwarzer, weißer und roter IPAs. Gleiches gilt für belgische und für Lagerbiere, deren Alkoholgehalt von 3,5 Volumenprozent auf das Doppelte, Dreifache und Vierfache gestiegen ist. Sogar durch Mischgärung mit *Brettanomyces* (*Dekkera bruxellensis*) und diversen Wildhefen vergorene IPAs gibt es heute. Das IPA ist innerhalb weniger Jahre zum meistverkauften Craft-Bier-Stil Nordamerikas geworden – und dieser Trend setzt sich weltweit fort.

Angesichts dieser Entwicklung muss man sich fragen, ob der Begriff »Bierstil« überhaupt noch etwas besagt. Um ganz ehrlich zu sein: In einem Bieruniversum, in dem ein Stil so viele Varianten haben kann – in dem Leichtbiere auf ein Vielfaches ihrer herkömmlichen Stärke angehoben werden und ein offensichtlich einfacher Stil mit Kräutern und Früchten gedopt, in Whiskeyfässern gereift oder mit Unmengen von Hopfen aufgepeppt wird –, ist diese Frage durchaus zulässig. Trotzdem: Gerade weil die Entwicklung so läuft, müssen die Stile in der Welt des Bieres ihren legitimen Platz behalten.

Und dies insbesondere in einem Buch wie diesem. Wie sonst kann man das passende Bier für ein Gericht auswählen, wenn nicht mithilfe des Stils? Wenn man im Sommer nach einem erfrischenden Lagerbier oder an einem Winterabend nach einem wärmenden Ale sucht, hilft der Stil, das geeignete Bier auszuwählen.

Ich schlage hier eine vereinfachte Herangehensweise vor. Stile definieren sich über allgemeine Geschmacksmerkmale (herb oder süß, leicht oder kräftig) und durch eine übergeordnete Kategorie. Diese Kategorien habe ich in »gängige« und »besondere« Stile unterteilt.

BITTERE, HOPFENBETONTE ALES

KRÄFTIG

MAN MUSS SICH NICHT JAHRELANG AN HERBE BIERE HERANTASTEN, UM DIESBEZÜGLICH AUF DEN GESCHMACK ZU KOMMEN. VON TROCKEN-NUSSIG REICHT DIE PALETTE BIS HIN ZU KRÄFTIGEN GRAPEFRUIT- ODER KIEFERNHARZNOTEN, SODASS FÜR JEDEN DAS RICHTIGE DABEI SEIN DÜRFTE.

PALE ALE/ BEST BITTER/ INDIA PALE ALE (IPA)

Diese Gruppe von Ales zeichnet sich vor allem durch ihre hohen Hopfenwerte aus. Die Skala reicht von trockener und milder oder mäßiger bis hin zu markanter Bitterkeit. Diese Biere sind nur selten stark malzig oder süß, typisch hingegen sind fruchtige Ester, die ihre Bittere ergänzen.

GÄNGIGE STILE

- **Traditionelles Pale Ale/Best Bitter:** Karamellmalz, keksartig bis trocken, nussiger oder würziger Hopfen.
- **Helles, goldgelbes Bitter:** Wie oben, aber blasser und oft leicht fruchtig.
- **Pale Ale im amerikanischen Stil:** Helles Malz, hopfig mit starken Zitrus- und Harznoten.
- **Traditionelles India Pale Ale (IPA):** Normalerweise wie britisches Pale Ale, manchmal stärker und hopfiger; gelegentlich findet man in Großbritannien auch Versionen mit niedrigem Alkoholgehalt.
- **India Pale Ale (IPA) im amerikanischen Stil:** Fast immer stärker, 7 Volumenprozent Alkohol oder mehr, und wesentlich hopfiger als Pale Ale im amerikanischen Stil.
- **Double oder Imperial IPA:** Stark alkoholhaltige IPAs mit um die 10 Volumenprozent Alkohol, manchmal ähnlich dem Barley Wine amerikanischen Stils.

BESONDERE STILE

Schwarzes IPA (hopfiges Porter); Weißes IPA (hopfiges Weizenbier im belgischen Stil); Rotes IPA (hopfiges Amber Ale); Belgisches IPA (mit Hefen vergoren, die würzige oder dumpfe Noten erzielen); Triple IPA (sehr starkes Double IPA); leichtes IPA (mit wenig Alkohol, meist unter 5 Volumenprozent).

TYPISCHE BEISPIELE
1. Traditionelles Pale Ale/Best Bitter: **Marston's Pedigree, Fuller's ESB**
2. Helles, goldgelbes Bitter: **Hopback Summer Lightning, The Celt Experience Golden Age**
3. Pale Ale im amerikanischen Stil: **Sierra Nevada Pale Ale**
4. Traditionelles India Pale Ale (IPA): **Thornbridge Jaipur, Burton Bridge Empire India Pale Ale**
5. India Pale Ale im amerikanischen Stil (IPA): **Anchor Liberty Ale, Founders Centennial IPA**
6. Double oder Imperial IPA: **Russian River Pliny the Elder**

BIERSTILE

SAISONBIER

Der Saisonstil, ursprünglich die Bezeichnung für am Frühjahrsende gebrautes und für den Verbrauch im Sommer eingelagertes Bier, ist heute zum Sammelbegriff für mäßig starke Ales geworden, die mit einer Hefe belgischer Herkunft gebraut werden.

GÄNGIGER STIL

- **Saison**: Für gewöhnlich hell bis mäßig goldgelb, mit leicht bis moderat würzigem Charakter, mäßiger hopfiger Bitterkeit, im Idealfall ziemlich trocken im Abgang.

BESONDERER STIL

- **Saison**: Der seltene Fall, dass ein Sonderstil denselben Namen trägt wie der eigentliche Stil; hier diverse unter »Saison« laufende Biere, die stark gewürzt und süß sein können oder sich vom üblichen Saisonbier auf andere Art deutlich unterscheiden.

TYPISCHE BEISPIELE

1. Saison Dupont
2. Brasserie de Jandrain – Jandrenouille IV Saison

TROCKENE, HERBE LAGERBIERE

FRISCH

ALS UNTERGÄRIGE ANTWORT AUF KRÄFTIGE ALES ZÄHLEN DIESE BIERE ZU DEN WELTWEIT FRISCHESTEN SORTEN, DURSTSTILLEND, SANFT MALZIG UND MIT EINER HOPFUNG, DIE LEICHT INS BITTERE NEIGEN KANN, ABER OFT DIE EDLEN HOPFENAROMEN UNTERSTREICHT.

PILSNER

Diese Sorte Lager stellt das größte Volumen an Bier dar, das weltweit konsumiert wird, da internationale Bestseller wie Budweiser, Heineken und das chinesische Snow brautechnisch gesehen Pilsner sind. Vom ersten *Pilsner Urquell* bis heute haben sich verschiedene Pils-Stile entwickelt, die sich vom Hopfengehalt her deutlich unterscheiden.

GÄNGIGE STILE

- **Pilsner im tschechischen Stil:** Gewöhnlich mit mittlerem Körper, leicht bis mittel malzig mit entsprechenden Karamellnoten; dazu der typische Geruch und Geschmack von Saazer Hopfen, der dem frischen Bier einen blumigen und mäßig herben Charakter verleiht.
- **Pilsner im deutschen Stil:** Gewöhnlich mit leichtem Körper und mäßig bis stark gehopft, was zu markanter, herber Bitterkeit führt.
- **Pilsner im internationalen Stil**: Massenmarktkompatible Lagerstile, die den eben genannten Pilsnern nur wenig ähneln, hell und meist nur leicht herb.

BESONDERE STILE

Imperial Pilsner: Starkes Pils, gewöhnlich 8 Volumenprozent Alkohol oder mehr; Imperial Pale Lager (eine IPA-Variante, wie Imperial Pilsner, aber zumeist stärker gehopft).

TYPISCHE BEISPIELE

1. Pils im tschechischen oder böhmischen Stil: **Pilsner Urquell, Budweiser Budvar/Czechvar**
2. Pils im deutschen Stil: **Jever, Squatters Pivo Pilsner**
3. Pils im globalen Stil: **Sagres, Cruzcampo, Peroni**

BIERSTILE

HELLE, MÄSSIG BITTERE BIERE

GESELLIG

VON IHREM WESEN HER KANN MAN DIESE BIERE ALS »AUSGEWOGEN« BEZEICHNEN. NICHT ZU HERB, NICHT ZU SÜSS, IM BESTEN FALL SCHWACH FRUCHTIG, NUR SELTEN AUFFÄLLIG, SELBST WENN SIE MANCHMAL STARK SIND. ES SIND BIERE FÜRS GESELLIGE ZUSAMMENSEIN.

HELLE, OBERGÄRIGE BIERE

Eine Sammelkategorie für eine Palette obergäriger Sorten, die auch Pilstrinker ansprechen sollten. Das berühmteste ist hier wohl das »Kölsch«, wie der Name schon sagt, aus Köln. Es gibt eine ganze Reihe von Abkömmlingen davon, die je nach Marke hell- oder goldgelb im Glas stehen.

GÄNGIGE STILE

- **Kölsch:** Ein Produkt aus obergäriger Hefe und langer, kalter Lagerung, was ein helles, schwach bis gar nicht fruchtiges Bier ergibt, leicht bis mäßig bitter und mit fein gerundetem Körper.
- **Goldgelbe/helle Ales:** Zumeist New-World-Biere; ihr erstes Ziel war, Lagerbiertrinker zu Craft-Bier-Fans zu machen, heute oft interessante, subtil komplexe Ales, weich fruchtig und trocken hopfig.
- **Enkel/Single im belgischen Stil:** Ursprünglich das Leichtbier der Trappistenmönche. Moderne Versionen sind schwach karamellsüß und leicht bis stark würzig, obwohl beim Brauen keine Gewürze zugesetzt werden.
- **Tripel/Triple im belgischen Stil:** Anfang der 1930er-Jahre in der belgischen Trappistenabtei Westmalle entwickelt. Helles Malz und höherer Alkoholgehalt, fruchtig malzig und trocken, mäßig bitter gehopft.

- **Cream Ales/Steam Beer:** Durch Mischgärung erzeugte US-Biere – erstere mit Ale-Hefe und Lagerreifung, letzteres mit Lagerhefe, aber bei höheren Tempera-turen vergoren. Es wird allgemein als das Komplexere angesehen und zeichnet sich durch starken Hopfen-gehalt und keks-artige Malzigkeit aus. Moderne Cream Ales hingegen sind zumeist hell, dezent süß und oft getreidig. (Das Urheberrecht für »Steam Beer« hält Anchor Brewing in San Francisco, deshalb werden solche Biere oft als übliches »kalifornisches Bier« vermarktet.)

TYPISCHE BEISPIELE

1. Kölsch: **Gaffel Kölsch, Malzmühle Mühlen Kölsch**
2. Goldgelbes/helles Ale: **Townsite Brewing Zunga, Yria Golden**
3. Enkel/Single im belgischen Stil: **Chimay Gold**
4. Tripel/Triple im belgischen Stil: **Westmalle Tripel, New Holland Black Tulip Tripel Ale**
5. Cream Ale/Steam Beer: **Anchor Steam Beer, Sleeman Cream Ale**

HELLE LAGERBIERE

Die Beliebtheit von hellem Malz nach der Entstehung des ersten Pilsners 1867 führte bei vielen Bierstilen zu Veränderungen, aber keine war so grundlegend wie der Übergang von dunklen zu hellen Lagerbieren in Bayern.

GÄNGIGE STILE

- **Helles**: Der heutige bayerische Standardstil mit moderatem Alkoholgehalt, (4,5–5 Volumenprozent), sanft malziger Süße und frischem, trockenem Abgang.
- **Märzen/Oktoberfestbier**: Identische Stile in traditionellen und modernen Versionen; das Märzen älteren Stils ist tief goldgelb bis hell bernsteinfarben mit leichtem Röstmalzgeschmack, das moderne ist weicher und süßer, die Farbe ist helles Gold. Beide sind zumeist etwas stärker, also +/− 6 Volumenprozent Alkohol.
- **Wiener Lager**: Goldgelb bis hell bernsteinfarben, mäßig stark, sanfte, manchmal toastartige oder röstaromatische Süße im Körper und trockener Abgang.

TYPISCHE BEISPIELE

1. Helles: **Augustiner Lagerbier hell, Steam Whistle Pilsner**
2. Märzen/Oktoberfestbier: **Hofbräu Oktoberfestbier, Real Ale Oktoberfest**
3. Wiener Lager: **King Vienna Lager, Minerva Viena**

DUNKLE & SÜSSE MALZBETONTE BIERE

SANFT

GENIESSERN, DIE IHR BIER NICHT BLOSS ALS BEGLEITERSCHEINUNG DER GESELLIGKEIT ANSEHEN, BIETEN DUNKLE OBER- UND UNTERGÄRIGE BIERSORTEN ETWAS MEHR CHARAKTER ALS IHRE HELLEREN VERWANDTEN. KRÄFTIGER GERÖSTETE DUNKLE MALZSORTEN PRÄGEN IHREN GESCHMACK, DER ALS NUSSIG UND RÖSTIG BESCHRIEBEN WERDEN KANN.

MILD ALE

Mit »mild« bezeichnete man in England ursprünglich ein junges, frisch aus der Brauerei kommendes Ale. Im modernen Sprachgebrauch meint man damit ein normalerweise dunkles Ale mit niedrigem Alkoholgehalt.

GÄNGIGER STIL

- **Mild:** Niedriger Alkoholgehalt (meist +/– 3,5 Volumenprozent), leicht süß und malzig, oft mit leichtem Röstmalzgeschmack, manchmal weich und hopfig bitter.

BESONDERER STIL

- **Imperial Mild:** Mild Ales mit hohem Alkoholgehalt haben historische Vorläufer, da »mild« früher »braufrisch« bedeutete. Heute erzeugen viele Brauereien Imperial Mild als ironische Anspielung auf die moderne Leichtbierversion.

TYPISCHE BEISPIELE

1. Moorhouse's Black Cat Mild
2. Rudgate Ruby Mild

BROWN ALES

Als einer der ältesten britischen Braustile sind Brown Ales verwandt mit ähnlichen Bieren wie dem flämischen Oud Bruin oder dem deutschen Altbier. Sie sind meist stark malzig und bernsteinfarben, geschmacklich erinnern sie an geröstetes Karamell, Nüsse oder zarte Schokolade.

GÄNGIGE STILE

- **Brown Ale:** Modern gesagt kein übermäßig hopfiges Bier, aber mit wohltuendem, oft nussigem Malzgeschmack (daher die häufige Bezeichnung »Nut Brown Ale«) und mäßigem Alkoholgehalt.
- **Ale im schottischen Stil:** Grundsätzlich malzig, aber nicht süß, mit niedrigem Alkoholgehalt und halbtrockenem bis ziemlich trockenem Abgang. In vielen Fällen eher ein Vetter des Pale Ales als des Brown Ales.
- **Ale im amerikanischen Stil:** Frühe britische Brown Ales waren erwiesenermaßen stark gehopft, trotzdem werden heute bittere Brown Ales als amerikanischer Stil empfunden. Sie verbinden oft Karamellmalz und Hopfen mit Zitrusnote.
- **Amber Ale:** Früher eine Säule des nordamerikanischen Craft-Bier-Markts, heute weniger oft vertreten. Typischerweise karamellartig und leicht süß bis halbtrocken, mit schwächerem Malzcharakter als Brown Ale.
- **Altbier:** Die Düsseldorfer Antwort auf Kölsch, um einiges dunkler, bei wärmeren Temperaturen vergoren und kalt gelagert. Halbtrocken bis trocken und erdiger Abgang.

BESONDERER STIL

Oatmeal Brown Ale: Primär ein amerikanischer Trend (mit dem Potential, ein anerkannter Stil zu werden), der Maische wird Hafer zugesetzt, um ein samtiges Mundgefühl zu erzielen; Imperial Altbier (sehr starkes Altbier, das mit dem Originalstil oft wenig gemeinsam hat).

TYPISCHE BEISPIELE

1. Brown Ale: **Black Oak Nut Brown Ale**, **Samuel Smith Nut Brown Ale**
2. Ale im schottischen Stil: **Belhaven 80 Shilling**, **Sun King Wee Mac Scottish Style Ale**
3. Ale im amerikanischen Stil: **Brooklyn Brown Ale**, **Smuttynose Old Brown Dog Ale**
4. Amber Ale: **Bath Ales Gem**, **Devil's Canyon Deadicated Amber**, **Fish Tale Organic Amber Ale**
5. Altbier: **Uerige**, **Schumacher**

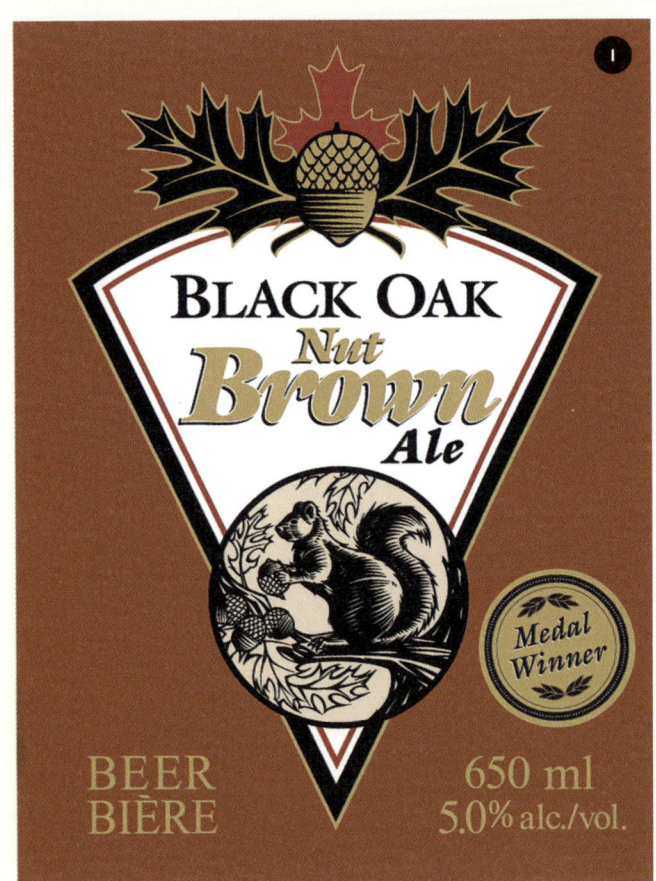

BIERSTILE

DUNKLES LAGER

Vom Rauchbier abgesehen die älteste Lagerbiersorte, früher in Süddeutschland beheimatet und darüber hinaus allgegenwärtig – heute eher eine Randerscheinung. Anfang des 19. Jahrhunderts von seinen hellen Brüdern verdrängt, konnte es seine einstige Beliebtheit nicht wiedererlangen.

GÄNGIGE STILE

- **Dunkles Lager:** Von mäßig süß bis ziemlich trocken, mit erdigen bis karamelligen Malznoten, aber minimal bis überhaupt nicht fruchtig.
- **Schwarzbier:** Ein schwarzer oder fast schwarzer Lagerstil mit an Stout erinnernden Geschmacksnoten, aber ohne dessen runden und vollmundigen Körper. Halbtrocken bis trocken röstig, oft mit Lakritznoten.
- **Dunkles/bernsteinfarbenes Lager:** Sammelbegriff für eine Reihe von Lagerbieren, mit durch Röstmalz oder Karamell erzielter dunkler Tönung bis hin zu süßen und meist einfachen Bieren sowie komplexen Sorten im tschechischen Stil.

TYPISCHE BEISPIELE

1. Dunkles Lager: **Kaltenberg König Ludwig Dunkel, Ayinger Altbairisch Dunkel**
2. Schwarzbier: **Köstritzer**, **Breznak Schwarzbier**
3. Dark/Amber Lager: **Bernard Cerný Ležák, Capital Brewery Wisconsin Amber**

SEHR DUNKLE & RÖSTIGE ALES

KERNIG

DUNKEL GERÖSTETES GERSTEN- ODER SCHWARZES MALZ SORGEN FÜR AROMA UND GESCHMACK DIESER UNGEWÖHNLICHEN KATEGORIE. DIESER STIL ZEICHNET SICH OFT DURCH NOTEN VON KAFFEE, RÖSTMALZ, LAKRITZE UND/ODER RAUCH UND MANCHMAL SOGAR VON SCHOKOLADE AUS.

STOUT/PORTER

Der Stout war ursprünglich ein starker Porter, und entwickelte sich zu einer dunkleren Version des Brown Ales. Heute sind die beiden Stile praktisch identisch, und es gibt sie in zahllosen Varianten.

GÄNGIGE STILE

- **London Porter:** Die älteste Version der Porter-Stout-Familie, dezent und fruchtig süß, Röstmalznoten und halbtrockener oder trockener Abgang.
- **Porter:** Ein dem Dry Stout sehr ähnliches Bier mit Noten von Röstmalz, Kaffee, Lakritze, manchmal auch leicht rauchig.
- **Baltic Porter:** Entstanden, als die Lagerbier erzeugenden Brauereien im Ostseeraum Imperial Stout nachahmen wollten. Untergärig und zumeist dünner und süßer als Imperial Stout, der frische Charakter täuscht über den hohen Alkoholgehalt hinweg.
- **Dry Stout/Stout im irischen Stil:** Trocken, röstig, oft mit niedrigerem Alkoholgehalt (4–4,5 Volumenprozent) und Noten von geröstetem Kaffee und dunkler Schokolade.
- **Oatmeal-Stout:** Dry Stout, dessen Maische Hafer hinzugefügt wird, wodurch das Gebräu süßer und samtiger wird.
- **Imperial Stout:** Starker Stout, bekannt durch den Export nach Russland und in die Ostsee-Staaten. Moderne Versionen sind eher vollmundig süß, mit Noten von Röstmalz und gekochten Früchten und im Idealfall sehr komplex im Geschmack.

BESONDERER STIL

White Stout: Goldgelbe Ales mit Noten von Kaffee und Schokolade, die den Geschmack von Stout nachahmen.

TYPISCHE BEISPIELE

1. London Porter: **Meantime London Porter**, **Fuller's London Porter**
2. Porter: **Deschutes Black Butte Porter, Oh! La! Ho! Beer Porter**
3. Baltic Porter: **Trois Mousquetaires Porter Baltique, Okocim Porter**
4. Dry Stout/Stout im irischen Stil: **O'Hara's Irish Stout, Titanic Stout**
5. Hafer-Stout: **Anderson Valley Barney Flats Oatmeal Stout, Mcauslan St. Ambroise Oatmeal Stout**
6. Imperial Stout: **Kernel Imperial Brown Stout London 1856, Del Ducato Verdi Imperial Stout**

RAUCHBIER

RAUCHIG

EIN ÄUSSERST UMSTRITTENER STIL OBER- UND UNTERGÄRIGER BIERE, DEREN GESCHMACKSSKALA VON »LEICHT RAUCHIG« BIS HIN ZU »WIE FLÜSSIGER RÄUCHERSCHINKEN« REICHT. FÜR AUSDAUERNDE BIERLIEBHABER WIRD OFT DER DRITTE ODER VIERTE VERSUCH ZU DEM MOMENT, AN DEM DIE SKEPSIS BEGEISTERUNG WEICHT.

RÄUCHERMALZBIER

Als man Malz noch über offenem Holzfeuer trocknete, hatten die Biere einen rauchigen Geschmack. Um denselben Effekt zu erzielen, wird für diese Biere alten Stils Räuchermalz verwendet. Man erhält so Geschmacksnoten, die von leicht rauchig bis stark geräuchert reichen.

GÄNGIGE STILE

- **Rauchbier**: Diese fränkische Spezialität ist eng mit der Stadt Bamberg verbunden. Rauchbiere sind bernsteinfarben bis dunkelbraun. Es gibt sie als unterschiedlich rauchiges Lager- und Märzenbier, gelegentlich auch als Weißbier.
- **Smoked Porter/Stout:** Amerikanische Interpretationen des Bamberger Rauchbieres ergaben eine Reihe mit Räuchermalz gebrauter Porter und Stouts. Der Röstmalz-Charakter dieser Biere wird durch ihren unterschiedlich starken Rauchgeschmack noch betont.
- **Torfmalzbiere**: Diese aus Frankreich stammenden unter- und obergärigen Biere werden (wie schottischer Whiskey) mit über Torfrauch getrocknetem Malz hergestellt, um eine erdig-rauchige Note zu erzielen. Nicht zu verwechseln mit Schottischen Ales, bei denen solche Malze in der Regel nicht verwendet werden.
- **Grodziskie/Grätzer**: Ein alter osteuropäischer, insbesondere polnischer Stil, der jetzt ein gewisses Comeback feiert. Geräucherter Weizen und eine spezielle Hefeart verleihen diesem Bierstil einen leichten, spritzigen und erfrischenden Charakter.

TYPISCHE BEISPIELE

1. Rauchbier: **Aecht Schlenkerla Rauchbier Märzen, Spezial Rauchbier Lager**
2. Smoked Porter/Stout: **Alaskan Brewing Co. Smoked Porter, Søgaards Stout Noire**
3. Torfmalzbier: **Unibroue Raftman, Adelscott**
4. Grodziskie/Grätzer: **Pinta Grodziskie**

STARKE & MALZBETONTE BIERE

BERUHIGEND

MIT VIEL MALZ GEBRAUT UND OBER- SOWIE UNTERGÄRIG HOCHVERGOREN SIND DIESE SÜSSEN UND VERFÜHRERISCHEN BIERE DAS BIER-PENDANT ZU EINEM WÄRMENDEN GLAS BRANDY ODER PORTWEIN. ANDERS ALS LETZTERE SIND JEDOCH VIELE DAVON AUCH AUF DEM ESSTISCH VERTRETEN.

BOCK/DOPPELBOCK

Ein Lagerbier, das angeblich aus Einbeck in Niedersachsen stammt. Aus dem auch in Bayern beliebten »Einbeckerbier« soll dann allmählich »Bockbier« geworden sein.

GÄNGIGE STILE

- **Bock**: Malziges, süßes Lagerbier mit etwa 6 Volumenprozent Alkohol oder mehr. Zumeist bernsteinfarben oder braun, es gibt aber auch helle Varianten, die oft als Maibock bezeichnet werden.
- **Doppelbock**: Zuerst in Klöstern gebraut, wo die starke Malzbetonung für höheren Nährwert sorgte; stärkere und malzigere Version des Bockbieres, gewöhnlich mit 7 Volumenprozent Alkohol oder mehr.
- **Eisbock**: Ein konzentrierter Doppelbock; das fertige Bier wird vereist und das gefrorene Wasser wird entfernt, um den Alkoholgehalt zu erhöhen.

TYPISCHE BEISPIELE

1. Bock: **Einbecker Ur-Bock Hell**, **New Glarus Uff-Da Bock**
2. Doppelbock: **Ayinger Celebrator**, **Weltenburger Kloster Asam Bock**
3. Eisbock: **Kulmbacher Eisbock**

DUNKLE STARKBIERE IM ABTEISTIL

Eine Reihe obergäriger Biere, die vor allem aus belgischen Klöstern stammen, wo sie aufgrund ihres Nährwerts für besondere Gäste und Festtage bestimmt waren, aber auch als Getränk für die Fastenzeit.

GÄNGIGE STILE

- **Dubbel/ Double**: Malzbetontes Klosterbier aus der Trappistenbrautradition, bernsteinfarben bis tiefbraun, oft mit Noten von Karamell, Schokolade, dunklen Früchten oder Gewürzen. Gelegentlich werden sie auch direkt mit Gewürzen gebraut.
- **Dunkles Stark-Ale:** Sehr starke, oft an Wein oder Portwein erinnernde Dubbel-Version.

BESONDERER STIL

Quadrupel: Der oft zu »Quad« verkürzte Ausdruck entstand in den 1990er-Jahren in der niederländischen Trappistenabtei Koningshoeven, wird aber oft für Jahrzehnte zuvor entwickelte Biere verwendet.

TYPISCHE BEISPIELE

4. Dubbel: **Westmalle Dubbel, Ommegang Abbey Ale**
5. Dunkles Stark-Ale: **La Trappe Quadrupel, Rochefort 10**

SCHOTTISCHES ALE

Im 18. Jahrhundert waren die schottischen Brauereien für ihre starken und malzigen Ales bekannt. Diese verloren später an Beliebtheit, da das Ale insgesamt an Einfluss verlor. Der Stil erhielt sich in Belgien und kehrte schließlich nach Schottland zurück, um wieder zum Markenzeichen des Landes zu werden.

GÄNGIGER STIL

- **Scotch Ale:** Mit 7 Volumenprozent Alkohol oder mehr bieten die Vertreter dieses Stils einen intensiven Malzcharakter mit Noten von Toffee oder Melasse, Bitterkeit ist kaum zu spüren.

BESONDERER STIL

- **Torf-Ale:** Gebraut in der irrigen Annahme, die Schotten brauten ihr Bier aus mit Torf geräuchertem Malz, das sie auch für Whiskey verwenden.

TYPISCHE BEISPIELE

1. Scotch Ale: **Traquair House Ale, Renaissance Stonecutter Scotch Ale**

BARLEY WINE & OLD ALE

In England gehen diese starken Ales auf eine Zeit zurück, in der das auf Farmen gebraute Bier als »Gerstenwein« bezeichnet wurde, da es den Alkoholgehalt von Wein hatte. Der von Bass in den Handel gebrachte Stil starb im 20. Jahrhundert fast aus, erlebte in den letzten Jahrzehnten unter US-Führung aber ein massives Comeback.

GÄNGIGE STILE

- **Barley Wine im britischen Stil:** Stark, malzig süß, zumeist 7–8 Volumenprozent Alkohol oder mehr, oft dominant fruchtig mit vom Malz bestimmter Komplexität.
- **Old Ale:** Ähnlich dem britischen Barley Wine, aber speziell auf Lagerung und Reifung im Keller ausgelegt, deshalb anfangs aufdringlich süß.
- **Barley Wine im amerikanischen Stil:** Eine wesentlich hopfigere Version des Barley Wine, oft mit zweistelligem Alkoholgehalt und deutlich herber. Einige Sorten müssen jahrelang reifen, ehe eine Balance zwischen Hopfen und Malz hergestellt ist.
- **Wheat Wine**: Dünner und gewöhnlich weniger hopfig als amerikanisches Barley Wine, zumeist aber ebenso stark, aufgrund des Weizens mit deutlicher Zitrusnote.

TYPISCHE BEISPIELE

2. Barley Wine im britischen Stil: **Orkney Skull Splitter, Alley Kat Olde Deuteronomy Barley Wine**
3. Old Ale: **J. W. Lee's Harvest Ale, Amsterdam Brewing Vicar's Vice**
4. Barley Wine im amerikanischen Stil: **Anchor Old Foghorn, Avery Hog Heaven Barley Wine**
5. Wheat Wine: **Boulevard Harvest Dance**

BIERSTILE

SAUER, SPONTAN- ODER MISCHVERGORENE BIERE

APPETITANREGEND

ERSTAUNLICHERWEISE IST DAS GETRÄNK, DAS DIESEM BIERSTIL AM NÄCHSTEN KOMMT, TROCKENER CHAMPAGNER. DIESE OFT SPRITZIGEN UND ÜBERRASCHEND SÄUERLICHEN BIERE EIGNEN SICH BESTENS ALS APERITIF, LEISTEN ABER AUCH ALS VIELSEITIGE BEGLEITER ZU TISCH GUTE DIENSTE.

LAMBIC

Bei Lambic-Bieren besteht die Maische zu einem Drittel aus ungemälztem Weizen. Zur Konservierung wird gealterter Hopfen zugesetzt, der keine Bitterkeit bewirkt. Nach der Spontangärung wird das Bier in Holzfässern gelagert.

GÄNGIGE STILE

- **Reines Lambic:** Spontan vergorenes Bier aus Weizen und Gerstenmalz, das monate- oder sogar jahrelang in Holzfässern reift. Mild säuerlich, leicht moussierend, mit erfrischendem Weizencharakter.
- **Oude Gueuze:** Mischung aus unterschiedlich alten (ein bis drei Jahre gereiften) Lambic-Bieren, nach der Zweitgärung in der Flasche angenehm säuerlich und champagnerartig trocken, oft mit würzigen, zitrusartigen Noten.

BESONDERE STILE

Gueuzebiere, die mit Kandiszucker, Früchten oder Fruchtsäften versetzt werden, um die dem Stil eigene Säure zu mildern.

TYPISCHE BEISPIELE

1. Reines Lambic: **Cantillon Grand Cru Bruocsella 1900**
2. Oude Gueuze: **Lindeman Cuvée René, De Cam Gueuze**

NEW-WORLD-STILE MIT MISCHGÄRUNG

Eine breite Palette von Sorten – spontan vergorene Weißbiere aus der Schweiz oder Maine bis hin zu sogenannten »wilden« IPAs und Bieren, die mittels wilder Hefe und/oder in mit Bakterien geimpften Fässern vergoren werden.

GÄNGIGE STILE

Die Stile dieser Kategorie auch nur versuchsweise aufzulisten, wäre mehr oder minder sinnlos, da fast jede Biersorte von leichten Weizenbieren bis zu kräftigen Stouts durch Mischgärung hergestellt werden kann. Immer häufiger werden diese Biere einer völlig unsystematischen Gruppe zugeordnet, den sogenannten »Sauerbieren«.

TYPISCHE BEISPIELE

3. **New Belgium la Folie** oder andere Biere aus dem Cascade Brewing Barrel House in Oregon.

BIERSTILE

ROTE & BRAUNE BIERE IM BELGISCHEN STIL

Inspiriert durch die Fassreifung der englischen Porter veredeln die belgischen Brauer seit Langem rote und braune Biere in Holzfässern. Die darin aktiven Bakterien verleihen den Brauerzeugnissen einen säuerlichen Geschmack mit oft ausgeprägten Beerennoten.

GÄNGIGE STILE

- **Flämisches Rotbier:** Traditionell, heute nicht mehr unbedingt in Eichenfässern gereift, bieten diese Biere säuerliche, intensiv fruchtige Geschmacksnoten und einen trockenen Abgang.
- **Flämisches Braunbier:** Dem flämischen Rotbier nah verwandt, ist dieses Bier meist weniger fruchtig, dafür süßer und säuerlicher, mit Eichen- und Karamellnoten und einem lieblicheren Abgang.

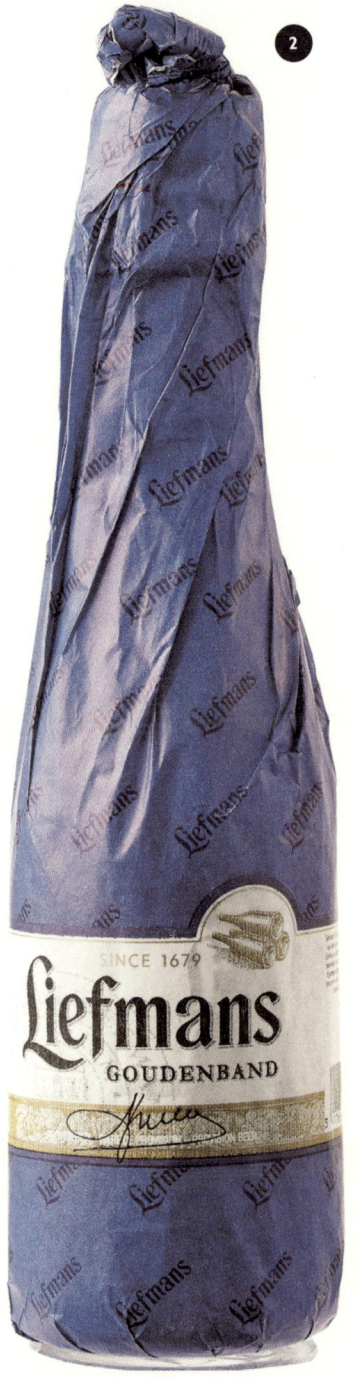

TYPISCHE BEISPIELE

1. Flämisches Rotbier: **Rodenbach Grand Cru, Duchesse de Bourgogne**
2. Flämisches Braunbier: **Liefmans Goudenband, Oerbier Reserva**

ERFRISCHENDE & SCHLANKE WEIZENBIERE

DURSTLÖSCHEND

IN GEGENDEN, IN DENEN ES LEGITIM IST, SCHON VORMITTAGS BIER ZU TRINKEN, GELTEN DIESE SANFTEN, ABER SCHMACKHAFTEN WEIZENBIERE ALS »FRÜHSTÜCKSBIERE« ODER ZUMINDEST »BRUNCH-GETRÄNKE«. WISSENSDURSTIGEN, DIE SICH IN SACHEN BIER WEITERBILDEN UND ÜBER HELLES LAGER HINAUSKOMMEN WOLLEN, BIETEN SIE SICH ALS ANGENEHMER EINSTIEG AN.

BERLINER WEISSE

In Deutschland heute eine Randerscheinung, anderswo immer beliebter, bietet dieses spritzige, mit obergäriger Hefe und Milchsäurebakterien gebraute Bier einen leicht säuerlichen Geschmack bei traditionell niedrigem Alkoholgehalt.

GÄNGIGER STIL

- Berliner Weisse: Niedriger Alkoholgehalt (+/– 3 Volumenprozent) und leicht säuerlicher Geschmack, oft durch Himbeer- oder Waldmeistersirup abgemildert.

TYPISCHE BEISPIELE

1. Berliner Weisse: **New Glarus Berliner Weisse, Professor Fritz Briem 1809 Berliner Style Weisse**

WEIZENBIER IM BELGISCHEN STIL

Mit mindestens einem Drittel ungemälztem Weizen unter Zugabe von Koriander und Orangenzesten gebrautes Bier, manchmal mit zusätzlichen Gewürzen versetzt.

GÄNGIGER STIL

- **Witbier/Bière Blanche/White Beer:** Sehr helle Farbe, erfrischend säuerlich und spritzig, mit unterschiedlich intensiven Orangen- und Koriandernoten.

TYPISCHE BEISPIELE

1. Witbier/Bière blanche/White Beer: **Blanche de Namur, Allagash White**

DEUTSCHE WEIZENBIERE

Obergärige Biere, bei denen die Maische zu 50 Prozent oder mehr aus Weizenmalz besteht. Die zum Vergären verwendeten Hefen bewirken die stiltypischen Geschmacks- und Aromennoten von Banane und Gewürznelken.

GÄNGIGE STILE

- **Hefeweizen/Weissbier/Hefeweissbier:** Zumeist helle spritzige Biere, leicht süß und mit unterschiedlichen Gewürz- (Nelken, schwarzer Pfeffer) und Fruchtnoten (Banane).
- **Dunkelweizen/Dunkles Weissbier:** Wie Weißbier, aber mit Zugabe dunklerer Malze, die für einen karamell- bis erdartigen, oft auch würzigeren Geschmack sorgen.
- **Kristallweizen**: Eine klar gefilterte Version von Hefeweißbier – vom Geschmack her leicht bis deutlich weniger würzig und fruchtig, oft mit Zitronennote.
- **Gose**: Ein wenig bekannter, historisch mit Leipzig verbundener Stil. Charakteristisch und höchst ungewöhnlich ist das zugesetzte Kochsalz, das diesem körperarmen, zitronigen Weißbier unterschiedlich salzige Noten verleiht.

BESONDERER STIL

- **Hefeweizen:** Meint in den USA manchmal ungefiltertes amerikanisches Weizenbier, das nicht die für deutsches Weißbier typischen Bananen- und Gewürznelkennoten aufweist.

TYPISCHE BEISPIELE

1. Hefeweizen/Weissbier/Hefeweissbier: **Schneider Weisse TAP7 Mein Original, Weihenstephaner Hefeweissbier**
2. Dunkelweizen/ DunklesWeissbier: **Weihenstephaner Hefeweissbier Dunkel, Franziskaner Hefe-Weisse Dunkel**
3. Gose: **Westbrook Gose, Leipziger Gose** (Gosebrauerei im bayerischen Bahnhof in Leipzig)
4. Kristallweizen: **Maisel's Weisse Kristall, Bischofshof Kristall Weizen**

WEIZENBIERE IM NORD-AMERIKANISCHEN STIL

In der Frühzeit der amerikanischen Craft-Bier-Bewegungg wurde hellmalzigen Maischen Weizen zugesetzt, um auch Lagerbierfreunde für Weißbier zu gewinnen.

GÄNGIGER STIL

- **Wheat Ale**: Goldgelb und meist nicht besonders komplex; bei einigen ist das Hauptmerkmal eine durch den Weizen bedingte leichte Zitronennote.

TYPISCHES BEISPIEL

1. Wheat Ale: **R&B Sun God Wheat Ale**

WÜRZIGE & GEWÜRZTE BIERE

AROMATISCH

EINE HÖCHST MYSTERIÖSE GRUPPE VON BIEREN, DEREN SPEZIELLER CHARAKTER VON EINER BEI DER GÄRUNG ENTSTANDENEN SUBTILEN NOTE VON GEWÜRZNELKEN ODER SCHWARZEM PFEFFER BIS ZU EINEM KÜCHENSCHRANK VOLL GEWÜRZEN UND KRÄUTERN REICHEN KANN, DIE DEM SUD DIREKT ZUGESETZT WERDEN.

WEIZENBOCK IM DEUTSCHEN STIL

Zwei große deutsche Stile (Doppelbock und Weißbier) sind hier zu einem würzig- fruchtigen Kraftpaket verbunden.

GÄNGIGE STILE

- **Weizenbock**: Würzig und mit Banannennote wie Dunkles Weizen, aber mit höherem Alkoholgehalt, oft noch etwas dunkler. Meist mehr würzig als fruchtig, obwohl keine Gewürze zugesetzt werden.

TYPISCHE BEISPIELE

1. Weizenbock: **Mein Aventinus**, **Mahrs Bräu der Weisse Bock**

GEWÜRZBIER

Eine Vielfalt von mit diversen Kräutern und Gewürzen versetzten Bieren, die manchmal zusätzlich mit Früchten oder Honig verfeinert werden.

GÄNGIGE STILE

- **Gewürzbiere im belgischen Stil:** Die belgischen Brauer und ihre Nachahmer verwenden ganze Gewürzkisten und derart unterschiedlich (vom zarten Hauch bis zum Frontalangriff), dass der Versuch, eine Liste relevanter Stile zu erstellen, völlig aussichtslos wäre. Man kann nur sagen, dass die gängigsten belgischen Gewürzbiere malz- und nicht hopfenbetont sind.
- **New-World-Gewürzbiere:** Auch diese Kategorie umfasst alle möglichen Stile, der Unterschied zu den belgischen ist, dass hier zu den obergärigen mischvergorene und untergärige Brauweisen hinzukommen und bei den Gewürzen interessante Zutaten wie Chili, Tabakblätter und Matetee.
- **Sahti**: Finnisches Farmhouse-Ale aus Gerstenmalz und anderem Getreide, meist Roggen. Mit Backhefe

vergoren, mit Wacholderzweigen geläutert und oft ungehopft, entwickelt das Gebräu einen beachtlichen Alkoholgehalt und einen würzig-süßen, frucht- und tannin-betonten Charakter, der bei frisch gebrautem Sahti am stärksten hervortritt.

TYPISCHE BEISPIELE

1. Gewürzbiere im belgischen Stil: **Delirium tremens, Fantôme de Noël**
2. New-World-Gewürzbiere: **Hopback Taiphoon Lemongrass Beer, Mateveza Yerba Mate IPA**

OBSTBETONTE BIERE

FRUCHTIG

WIE IHRE GEWÜRZTEN VETTERN OFT NICHT ALS »RICHTIGES BIER« ANERKANNT, ERINNERN SIE AN EINE ZEIT, IN DER ZWAR NOCH OHNE HOPFEN GEBRAUT WURDE, DAFÜR ABER UNTER ZUGABE ALLER MÖGLICHEN FRÜCHTE. DIE GESCHMACKSPALETTE DIESER SORTEN REICHT VON TROCKENEN BEERENNOTEN BIS HIN ZU AUSGEPRÄGTER FRUCHTIGER SÜSSE.

FRUCHT-LAMBIC

Setzt man den spontan vergorenen Lambic-Bieren während der Reifung süße Früchte zu, fördert das die Nachgärung, in deren Verlauf der Fruchtgeschmack in das Bier übergeht.

GÄNGIGE STILE

- **Kriek**: Die Nachgärung mit ganzen Kirschen verleiht diesen Bieren eine rötliche Tönung und einen trockenen fruchtigen Charakter, inklusive der von den Kirschkernen bewirkten Mandelnoten.
- **Framboise**: Frucht-Lambic in Himbeer-Version, deutlich fruchtig-säuerlich, mit hellrosafarbener Tönung.

BESONDERER STIL

- **Süßes Frucht-Lambic**: Gesüßtes Lambic-Bier, das seine Fruchtnoten zugesetzten Konzentraten, Fruchtsäften, -Extrakten und/oder Süßstoffen verdankt.

TYPISCHE BEISPIELE

1. Kriek: **Drie Fonteinen Oude Kriek, Boon Mariage Parfait Oude Kriek**
2. Framboise: **Cantillon Rosé de Gambrinus, Framboise Boon**

FRUCHT-WEISSBIER

Frühe nordamerikanische Craft-Brauer erweiterten ihr Repertoire, indem sie Weizenbier zu einem Fruchtbier machten, entweder durch Vergären mit Früchten oder Fruchtsäften, oder durch Zusetzen von Fruchtsäften oder Extrakten bei der Nachgärung.

GÄNGIGER STIL

- **Himbeerweizen:** Unter sämtlichen den Weißbieren zugesetzten Früchten waren Himbeeren eine Zeit lang so beliebt, dass »Raspberry Beer« eine eigene Kategorie beim »Great American Beer Festival« bildete.

TYPISCHES BEISPIEL

3. Himbeerweizen: **Sea Dog Raspberry Wheat Ale**

FRUCHTBIER

Die Schwärmerei für Fruchtweißbiere brachte manch amerikanischen Brauer und später auch andere dazu, ihre Aufmerksamkeit Stilen zuzuwenden, deren Geschmack sich auf ähnliche Art verändern lässt. Dadurch entstand eine breite Palette von Fruchtbieren unterschiedlicher Stile, denen man alle möglichen Arten von Obst zusetzte.

GÄNGIGER STIL

- Jede Menge, wobei kein Fruchtstil wirklich dominiert. Ziemlich verbreitet sind Kirsch-Stouts und andere, aber auch mischvergorene Biere mit diversen Früchten und, besonders in Italien, Biere, die mit Restmost aus der Weinerzeugung gebraut, vergoren oder zur Reifung gebracht werden.

TYPISCHES BEISPIEL

4. **New Glarus Wisconsin Belgian Red**

BIERSTILE

EXPERIMENTELLE BIERE

ÜBERRASCHEND

DA DEM MODERNEN BRAUWESEN HEUTE ALLE MÖGLICHKEITEN OFFENSTEHEN, SCHEINEN SICH DIE NEUEN STILE SPRUNGHAFT ZU VERMEHREN. HINZU KOMMT, DASS FAST WÖCHENTLICH EINE VERGESSENE ALTE REZEPTUR WIEDERERWECKT WIRD. DIE EINZIGEN LIMITS IN DIESER GRENZENLOSEN WELT DES BIERES BILDEN DIE IDEEN DER BRAUER UND DIE NEUGIERDE DER VERBRAUCHER.

Wodurch wird eine Rezeptur zu einem eigenständigen Stil? Durch Innovation? Eine bestimmte Mischung von Zutaten oder eine besondere Abfolge von Techniken? Beliebtheit? Allgegenwart? Oder vielleicht durch eine Kombination von allem?

Fest steht jedenfalls, dass ein Bier hohe Standards setzen muss, um einen neuen Stil zu begründen. Wir würden uns sonst einer Welt gegenübersehen, in der jeder Brauer seinen eigenen Stil kreiert, sodass das Konzept »Stil« irgendwann nutzlos wäre. Gleichwohl gibt es beim Brauen einige Trends, die entweder hinreichend etabliert sind oder so viel Potenzial für einen speziellen Charakter haben, dass man sie langfristig als mögliche Stile anerkennen sollte. Manche lassen sich leicht über eine bestimmte Zutat bestimmen, andere sind schwerer fassbar, verdienen aber trotzdem, in Betracht gezogen zu werden.

- **Fassgereiftes Bier:** Bier wurde seit Jahrhunderten in Holzfässern gelagert und zur Reifung gebracht, diese Praxis rückte jedoch mit dem Aufkommen von Edelstahlfässern und -tanks zunehmend in den Hintergrund. In den letzten Jahrzehnten hingegen erfreut sich die Reifung von Bier in Fässern, die zuvor Bourbon, schottischen Whiskey, Chianti, Grappa, Brandy, Chardonnay usw. enthielten, besonderer Beliebtheit. Diese fassgereiften Biere umfassen alle Stile und Stärken und könnten (ganz sicher im Beispiel Italiens, wo zunehmend ehemalige Weinfässer zur Biererzeugung benutzt werden) zur landesspezifischen Visitenkarte der Craft-Brauer werden.
- **Kürbisbier:** Man mag sie lieben oder hassen (und es gibt viele, die das eine oder andere tun) – Biere mit Kürbisgeschmack scheinen sich zu behaupten. Diese in

den USA entstandene Brauweise arbeitet teilweise tatsächlich mit Kürbis, oft aber nur mit der für Kürbiskuchen typischen Gewürzmischung. Mit Zusatz von Gewürznelken, Piment und Zimt werden heute weltweit diverse Kürbisbiere gebraut, die von Hefeweizen bis Stout reichen.

- **Kaffeebier**: Kaffee wird schon in der dritten Generation zur Craft-Bier-Veredelung verwendet, um zarte Kaffee- oder starke Espressonoten zu erzielen – und das in den unterschiedlichsten Stilen, die von Stout über Pale Ale bis hin zu dunklem Lager reichen.
- **Amazonisches Bier**: Der Regenwald bietet eine Vielfalt an Gewächsen und Früchten, die außerhalb Südamerikas kaum bekannt sind und von den brasilianischen Brauern geschickt genutzt werden. Mit Früchten wie Jabuticaba und dem bei Cachaça-Brennern beliebten Amburana-Holz könnten sich brasilianische Craft-Brauer international einen Namen machen.
- **Neuseeländisches/Aotearoa Pilsner und Pale Ale**: Für diese Biere im Stil des Pilsners bzw. des amerikanischen Pale Ales werden neuseeländische Hopfensorten verwendet, die für tropische Aromen und Geschmacksnoten sorgen.
- **Rye Pale Ale/Rye PA**: Bei diesen immer beliebter werdenden Varianten amerikanischer Pale Ales und IPAs wird der Maische reichlich Roggen zugesetzt, um betont würzige Geschmacksprofile zu erzielen.

TYPISCHE BEISPIELE

1. Fassgereiftes Bier: **The Lost Abbey Cuvée de Tomme, De Molen Bommen & Granaten**
2. Kürbisbier: **Dogfish Head Punkin, Elysian the Great Pumpkin**
3. Kaffeebier: **Mikkeller Beer Geek Brunch Weasel, Alesmith Speedway Stout**
4. Amazonisches Bier: **Cervejaria Way Amburana Lager, Amazon Beer Forest**
5. Rye Pale Ale/Rye P. A.: **Sierra Nevada Ruthless Rye, Cameron's Rye. P. A.**
6. Neuseeländisches/Aotearoa Pilsner und Pale Ale: **Tuatara Aotearoa Pale Ale, Emerson's Pilsner**

BIERKULINARISCHE TRADITIONEN

WIE ALLES BEGANN

DIE KOMBINATION VON BIER UND KULINARIK IST ALS KONZEPT NICHT ANNÄHERND SO NEU, WIE MAN DENKEN KÖNNTE. SCHLIESSLICH GIBT ES BIER SCHON SEIT 10 000 JAHREN UND GEGESSEN WURDE OHNEHIN SCHON IMMER. ES IST ALSO NUR LOGISCH, DASS SICH KOCHKUNST UND BIER IRGENDWANN BEGEGNETEN, AUFEINANDER EINSTIMMTEN UND IM LAUFE DER ZEIT MITEINANDER VERFLOCHTEN.

Nur war unseren Vorfahren dieser Vorgang nicht unbedingt bewusst. Die Menschen sind die einzigen Lebewesen der Erde, die kochen können – essbare Dinge wie Gemüse, Gewürze, Fleisch und Flüssigkeiten miteinander vermischen, um daraus in alchemistischen Vorgängen bestimmte Gerichte zuzubereiten. Die Menschheit hat das über Jahrtausende hinweg so gehandhabt und wir tun es heute immer noch – ob es sich nun um einfache Genüsse wie gedünsteten Brokkoli mit Butter oder etwas Hochkomplexes wie Molekularküche handelt.

Als unsere Vorfahren Nahrung zubereiteten, um nicht nur zu überleben, sondern auch ihre Gaumen zu kitzeln, waren die Zutaten und Methoden oft denkbar einfach. Man mische gekochte Ackerbohnen mit Öl, Kümmel und Knoblauch und schon hat man *Ful Medames*, ein traditionelles ägyptisches Gericht, das Experten zufolge bis auf die Zeit der Pharaonen zurückreichen könnte. Wer nach »biblischen Rezepten« googelt, wird vermutlich *Tiger Nut Sweets* finden, eine Mischung aus Datteln, Nüssen, Zimt und Honig. Und man kann darauf wetten, dass unsere urzeitlichen Ahnen voll Vorfreude Fleisch über offenem Feuer brieten, natürlich ohne sorgsam zusammengestellte Gewürzmischungen oder eine vom Fernsehkoch empfohlene Barbecue-Sauce.

IM LAUFE DER ZEIT ENTWICKELTEN SICH LANDESTYPISCHE GERICHTE UND NATIONALE BIERSORTEN. DA IST ES NICHT ERSTAUNLICH, DASS BEIDE HÄUFIG ZUSAMMEN GENOSSEN WURDEN UND DADURCH BESTIMMTE KOMBINATIONEN BILDETEN.

Möglicherweise wurden diese Kombinationen nicht bewusst als solche wahrgenommen, trotzdem waren es gut aufeinander abgestimmte Geschmackskompositionen.

Ob sich die Kochkunst in ihrer Entwicklung nach den jeweiligen Bieren richtete oder das Brauwesen nach den jeweiligen Gerichten, werden wir nie klären können. Plausibler erscheint Letzteres, wenn man berücksichtigt, wie sich die Bierstile im Laufe der Zeit veränderten.

Sicher ist, dass sich in den letzten Jahrhunderten landesspezifische Konventionen bezüglich der Kombination von Bier und Kochkunst herausbildeten. Die meisten davon werden niemanden überraschen – jeder von uns kennt zumindest einige davon aus dem eigenen kulinarischen Alltag. Wichtig ist jedoch, was wir daraus lernen können.

LINKS: Das Princess Louise im Londoner Stadtteil Holborn ist ein urtypisches Beispiel für einen »Gin-Palast« der viktorianischen Epoche.
GEGENÜBER: Britische Fischer stillen ihren Durst, Mitte des 19. Jahrhunderts.

BIERKULINARISCHE TRADITIONEN

IM BRITISCHEN PUB

Das allererste Gericht, das ich bei meinem ersten Aufenthalt in London genoss, war *Fish & Chips*, das Lieblingsfingerfood der dortigen Pub-Besucher. Allerdings verspeiste ich es nicht in einem Pub, sondern kaufte es in Papier gewickelt an einem Stand am Leicester Square. Und ich trank dazu nicht, wie es sich gehört hätte, fassgereiftes Bitter sondern Champagner, weil ich zu später Stunde ausging, als die Pubs schon geschlossen hatten.

GASTRO-TIPP
DAS GRAIN BARGE IN BRISTOL BIETET GEHOBENE PUB-KOST IN ENTSPANNTER ATMOSPHÄRE MIT SOLIDEN, ABER INTERESSANTEN BIEREN AUS DER LOKALEN BRAUEREI THE BRISTOL BEER FACTORY.
Jessica Boak und Ray Bailey (Boak & Bailey) sind eifrige Bierblogger und Autoren von *Brew Britannia*.

Hinter dem Champagner verbirgt sich eine eigene Geschichte, mehr davon später (auf Seite 73). Bleiben wir erst mal beim Thema *Fish & Chips*. Wo der berühmte Fisch im Backteig mit den frittierten Kartoffelschnitzen zum ersten Mal zubereitet wurde, kann nur vermutet werden – allgemeine Einigkeit besteht zumindest darüber, dass das denkwürdige Ereignis im England der 1860er-Jahre stattgefunden haben muss. Somit würden die Entstehung des Gerichts und sein rasanter Siegeszug in etwa dieselbe Zeit fallen, wie der Niedergang der britischen Porter und Stouts und der Aufstieg der Pale Ales und Bitters.

Es ist fraglich, ob die Verbreitung dieser Biere speziell in und um London mit der vom *Oxford Companion to Food* festgestellten Zunahme der *Fish&Chips*-Shops vor Beginn des 2. Weltkriegs zusammenhängt. Fakt ist allerdings, dass in derselben Zeit Pale Ale und Bitter die meistverkauften Biersorten Englands wurden und mit *Fish & Chips* wunderbar harmonierten – wie es bei so vielen Speisen und Getränken der Fall ist, die sich zeitgleich entwickelten.

In ähnlicher Weise (wenn auch mehr als 100 Jahre früher), als Austern in den Londoner Pubs ein beliebter Snack waren, erlebte die Porterproduktion einen Höhepunkt. Bedingte das eine das andere? Sicherlich nicht – aber wer je einen Teller Austern zusammen mit einem guten Glas Porter oder Stout genossen hat, wird verstehen, warum diese Kombination absolut empfehlenswert ist.

Gleiches gilt für das, was man heute als Klassiker in englischen Pubs serviert. Zwar mag die englische Rindfleischpastete *Steak and Ale Pie* heute etwas weniger beliebt sein als früher, bildet aber immer noch eine köstliche Grundlage für Best Bitter, Extra Special Bitter oder Brown Ale – je nach Geschmack und Intensität der Sauce. Das deftige *Bangers and Mash* wird zu einem exquisiten Hochgenuss, wenn es zu einem Glas Best oder Extra Special Bitter gereicht wird, und genauso verhält es sich bei einem *Ploughman's Lunch* mit würzigem Cheddar. Sogar das große englische Frühstück, bestehend aus gebratenen Würstchen, Bacon, Eiern und Bohnen wird durch ein erfrischendes Bitter noch verlockender und wahrscheinlich auch besser verdaulich.

All diese Gerichte erschienen auf den Karten der Pubs nicht plötzlich und über Nacht. Wie die sie begleitenden Biere entwickelten sie sich mit der Zeit zu Grundpfeilern der nationalen Küche, und ihre Durchsetzungskraft erklärt sich mit großer Wahrscheinlichkeit (abgesehen von ihren weiteren Qualitäten) durch ihre Vereinbarkeit mit den britischen Bieren.

Das bringt uns dazu, aus der Geschichte eine erste Schlussfolgerung zu ziehen: nationale Biersorten und Gerichte, die sich zeitgleich entwickelt haben, werden aller Wahrscheinlichkeit nach gut miteinander harmonieren. Vorausgesetzt, es handelt sich um Biere und Speisen aus Ländern, die auf eine lange und bewegte Biertradition zurückblicken können, wie beispielsweise England oder Deutschland.

OBEN: The Barton Arms in Aston (Birmingham) ist ein schönes Beispiel britischer Pub-Architektur des viktorianischen Zeitalters.

GEGENÜBER: *Fish & Chips* soll in den 1860er-Jahren entstanden sein. Neben *Ploughman's Lunch* und *Rindfleischpastete* ist die Spezialität bis heute ein typisches Gericht in britischen Pubs.

IM BAYERISCHEN BIERZELT

Wer sich nach Bayern begibt, wird rasch bemerken, wie beliebt Schweinefleisch in den weiß-blauen Gefilden ist. Die traditionelle *Haxn*, die *Schweinsbratwürstel*, das *Schnitzel*, der *Schweinebraten* – ein Blick in die Speisekarte zeigt, dass Schweinefleisch in der bayerischen Küche einen bevorzugten Platz einnimmt.

Ebenso schnell wird man feststellen, dass die bayerische Bierwelt drei goldfarbene Hauptdarsteller hat: Helles, Weißbier und Pilsner. Die Nebenrollen fallen dunklem Lager, Bock, Doppelbock, dunklem Weißbier, Weizenbock, Oktoberfest-Märzen und natürlich dem fränkischen Rauchbier zu, abgesehen von weiteren saisonalen und regionalen Spezialitäten.

Betrachtet man diese Bierstile genauer, findet man bald so etwas wie einen gemeinsamen Nenner, denn es sind (von den Weißbieren abgesehen) alle untergärig gebraute Lager. Dabei waren Lagerbiere keineswegs von jeher das Steckenpferd der deutschen Brauer – will meinen, der sonnig goldene Farbton von Hellem & Co. war nicht immer das, was man bei deutschen Bieren zu erwarten hatte. Erst, nachdem die untergärige Brauweise in den Kellern, in denen das Bier während des Sommers lagerte, entdeckt worden war, setzte sich die helle Farbe des Pilsners durch, das 1842 erstmals in Böhmen gebraut worden war. Das helle Bier erfreute sich rasch wachsender Beliebtheit, zuerst unter böhmischen und bayerischen Brauern, dann auch in Norddeutschland und den Nachbarländern und schließlich in der ganzen Welt.

Gleichzeitig änderte sich im 19. Jahrhundert auch die Zubereitung von Schweinefleisch. Statt nur bei außergewöhnlichen Festen die Gäste mit einem Spanferkel zu erfreuen, stand Schweinefleisch nun neben Rind- und Kalbfleisch regelmäßiger auf dem Speiseplan, um später das wichtigste Fleisch auf Bayerns Tellern zu werden.

Und das bringt uns zurück zu den *Haxn* und »Massn«, die so gerne in Bayern aufgetischt werden. Ein Blick auf die knusprige, harte Schwarte und das scharfe, einschüchternd aus dem Knödel ragende breite Messer weckt zunächst Zweifel – der transatlantische Bierfreund befürchtet insgeheim, dass dieses hell und zart im Glas stehende Lager nie und nimmer (weder in diesem Bierzelt noch anderswo) zum Geschmack dieses deftigen Gerichts passen kann. Trotzdem schneidet (oder besser gesagt meißelt) er sich tapfer durch den Knisterpanzer des Schweinefußes, um zu dem saftigen Fleisch durchzudringen, kaut einen ersten Bissen davon, spült ihn mit einem kräftigen Schluck Hellem hinunter – und ist sofort jegliche Skepsis los, denn es schmeckt himmlisch! Die nächste Mahlzeit könnte dann aus *Schweineschnitzel* und Pilsner bestehen. Und die darauf folgende aus *gebratener Schweinelende* mit Weißbier. Dann *Schweinswürstel* und Helles (oder Dunkles, falls die Würstel mit Sauce serviert werden). Und immer wieder harmonieren Trank und Speise geradezu ideal. Diese Untersuchung bestätigt, was wir bereits aus den kulinarischen Gepflogenheiten der britischen Pubs gelernt haben: Die bayerischen Schweinefleischgerichte sowie helles, untergärig gebrautes Bier entwickelten sich zeitgleich und passen daher bestens zueinander.

GEGENÜBER: Das Löwenbräu-Festzelt ist eines der imposanten, traditionellen Bierzelte auf dem Münchner Oktoberfest.
OBEN LINKS: »Mass« (1 Liter) und »Halbe« (500 Milliliter) sind sozusagen Synonyme für bayerisches Lagerbier.
OBEN RECHTS: Für bayerische Bierfeste typische Speisen: Platten mit Käse und warmem oder kaltem Schweinebraten.

DIE REGEL IST EINFACH: BEI SCHWEINEFLEISCH-GERICHTEN LIEGT MAN MIT DEUTSCHEN LAGER-BIEREN ODER ENTSPRECHENDEN STILEN NIE FALSCH – SEIEN ES NUN HELLES, DUNKLES WEIZEN ODER KRÄFTIGER DOPPELBOCK.

Oder anders gesagt: Eine bayerische Brauerei, deren Bier nicht hervorragend zu Schweinefleisch-Schmankerln passen würde, wäre vermutlich schnell aus dem Geschäft.

BIERKULINARISCHE TRADITIONEN

DIE BELGISCHE »CUISINE À LA BIÈRE«

Jedem, der Belgien für mehr als einen Zug- oder Flugzeugwechsel einen Besuch abgestattet hat, wird auffallen, wie sehr diese Nation an ihrem Bier hängt. Was der Wein für Frankreich und Italien, ist das Bier für Belgien, und das mit gutem Grund. Pro Kopf weist das Land weder die größte Produktion noch den größten Konsum an Bier auf, hat aber einige der interessantesten Bierstile hervorgebracht. In letzter Zeit ist immer häufiger von »Bieren im belgischen Stil« die Rede. Gemeint sind Biere, die mit einer für würzige oder außergewöhnliche Aromen und Geschmacksnoten sorgenden Gerste gebraut werden. DEN belgischen Stil gibt es aber nicht. Wie auch, da die vielseitige Braukultur dieses Landes von säuerlichen, champagnerartigen Gueuzes über vollmundige, malzige Trappistenbiere und helle, frische Lagersorten bis hin zu starken, gewürzbetonten Bieren reicht?

GASTRO-TIPP
»MEIN LIEBSTES SPEISELOKAL MIT GUTEM BIER IST DER T'HOMMELHOF IM BELGISCHEN WATOU. KÜCHENCHEF STEFAAN COUTTENYE IST SPITZE, DAS RESTAURANT HAT ATMOSPHÄRE UND BIETET EINE HERRLICHE AUSWAHL AN BIEREN.«
Manuele Colona, Inhaber von BIR & FUD und Ma che siete venuti a fa, Italien.

Und darin liegt Belgiens immense Stärke in Sachen Bier. Vielfalt ist hier die Devise. So heißt es denn auch, ein belgischer Brauer würde auf die Frage, welchen Stil von Bier er produziere, mit »meinen Stil« antworten. Es gibt kaum ein grundsätzliches Geschmacksprofil, das in diesem Land des Bieres nicht anzutreffen wäre. Dennoch haben die meisten belgischen Biere eines gemeinsam: Sie eignen sich hervorragend als Begleiter bei Tisch. Während die deutschen und tschechischen Biere (siehe Seite 70) meist einen Kontrast bilden, tendieren die belgischen dazu, die Gerichte, zu denen sie serviert werden, zu ergänzen – mal durch ihre Würzigkeit, mal durch ihre Vollmundigkeit, oder auch durch ihren fruchtigen oder schokoladigen Charakter. Die Bierkultur geht sogar auf die belgische Küche selbst über, da die belgischen Köche in einer Vielzahl von Gerichten Biere mit ihrer ganzen Bandbreite an Geschmacksnoten als Grundzutaten einsetzen. Diese enge Verwandtschaft von Bier und Essen zeigt sich in Belgien in fast allen traditionell ausgerichteten Restaurants, wo man in Bier gedünstete Rindfleischgerichte wie die *Carbonnades flamandes* vorfindet; *Waterzooi*, eine Art Eintopf aus Huhn und Fisch mit einer Brühe aus Bratenfond, Sahne und manchmal Bier; oder *In Bier geschmortes Kaninchen* (oft in säuerlichem Gueuze, manchmal aber auch malzigem Dubbel). Zu all diesen Spezialitäten passt Bier hervorragend. Und am besten (auch wenn das keineswegs die Standardkombination sein muss) passt oft das Bier, mit dem das Gericht zubereitet wurde.

Wenn wir jetzt den Blick auf Käse richten, eine viel zu wenig beachtete Spezialität des Landes, werden wir ein passendes Bier zu jedem belgischen Käse finden – und umgekehrt. Man versuche ein Gueuze mit einem ebenso würzigen, jungen Ziegenkäse und dazu etwas aufgeschnittenem, leicht gesalzenem Rettich, oder einen sahnigen Frischkäse mit einem malzigen, starken und verfeinerten Dubbel. Auffällige Noten im Bier und auffällige Noten im Käse, säuerlich mit säuerlich, üppig mit üppig – die Kombinationsmöglichkeiten sind schier endlos.

Kontrastierendes gibt es natürlich auch. Ein säuerliches flämisches Rotbier kann einen herrlichen Kontrapunkt zur süßen Nussigkeit eines gereiften Gouda bilden, so wie ein hopfiges Pilsner oder ein goldgelbes, trocken-würziges Ale die Cremigkeit von *Waterzooi* hervorheben kann.

Da es aber bei der belgischen Küche in vielen Fällen um sehr nuancenreiche Gerichte geht, sind passende Kontraste in der Regel schwieriger zu finden als komplementäre Lösungen.

GEGENÜBER OBEN UND UNTEN RECHTS:
Muscheln im Weinsud mit *Pommes frites*, dazu belgisches Witbier: eine perfekte Kombination, unkompliziert und lohnend.

GEGENÜBER UNTEN LINKS:
De Dolle Arabier, ein kräftiges, starkes Bier mit 8 Volumenprozent, wird nach dem eigentlichen Brauvorgang kalt gehopft.

DIE TSCHECHISCHE BIERKULINARIK

Ende der 1990er-Jahre hielt ich mich einige Zeit in Prag und Pilsen in der Tschechischen Republik auf. Mein Hauptinteresse galt natürlich dem Bier, deshalb war ich oft in Bierhallen zu Gast, angefangen mit Prager Traditionslokalen wie U Medvídku und dem legendären U Fleků, aber auch im Pionierbrauhaus Pivovarský Dům und natürlich im Restaurant Na Spilce der Pilsner-Urquell-Brauerei. Im Verlauf meiner Besuche wurde ich mit den Grundlagen von Bier plus Küche in Tschechien ziemlich vertraut und legte dabei sieben Pfund zu. Ähnlich wie bei den bayerischen Nachbarn setzt die tschechische Bierkultur auf Fleischgerichte (von Hähnchen über Schweine- bis zu Rindfleisch), wobei der Schwerpunkt bei Eintöpfen und Saucen liegt. Meinen Schätzungen zufolge waren aber nicht die großzügigen Portionen für die Vergrößerung meines Bauchumfangs verantwortlich, auch nicht die üppigen Suppen und Saucen. Was mir zum Verderben wurde, waren die Knödel.

GASTRO-TIPP

»IN PRAG LIEGT UNWEIT MEINES HOTELS DAS RESTAURANT MASO A KOBLIHA, DAS VON DEN WÜRSTEN BIS ZUM RÄUCHERLACHS ALLES SELBST HERSTELLT. DAS *SCHOTTISCHE EI* UND EIN PALE ALE VON MATUŠKA IST EINE KOMBINATION VON GUTEM BIER UND GUTEM ESSEN.«

Evan Rail, Experte für Speisen, Reisen und Bier und Autor von *Why Beer Matters*

Die aus Weißbrot oder Kartoffeln gemachten Knödel (respektive *houskové knedlíky* und *bramborové knedlíky*) sind Säulen der tschechischen Küche und begleiten einzeln oder im Duett die meisten Gerichte. Manchmal bekommt man sogar ein »Knödeltrio« in Form einer Speckknödel-Draufgabe (*špekový knedlík*). Natürlich gibt es auch Rezepte für »leichte« Knödel, in den traditionellen Bierlokalen

sind das allerdings Gebilde der Fantasie. Die Semmelknödel sind üppig, die Kartoffelknödel noch reichhaltiger, und so verzückt ich auch an den Geschmack der Speckknödel zurückdenke, verbirgt sich in dieser Köstlichkeit eine beachtliche Menge Fett. Nachdem ich eine Zeit lang bei fast jeder Mahlzeit Knödel verspeist hatte, war ich reif für mindestens eine Woche Salat.

GEGENÜBER LINKS: Gebratenes Fleisch mit üppigen Beilagen ist ein Muss in tschechischen Schenken und Bierlokalen.
GEGENÜBER RECHTS: Das weltweit beliebte *Pilsner Urquell* ist einer der berühmtesten Vertreter der klassischen tschechischen Lagerbiere.
OBEN: Der Biergarten der ebenso legendären wie beliebten Brauereikneipe U FLEKŮ in Prag.

Vermutlich wäre mein Zustand noch schlechter gewesen ohne die lindernde Wirkung großer Mengen tschechischen Lagers, mit dem ich alles hinuntergespült hatte.

Den Kaloriengehalt von Bier kann niemand leugnen. Paradoxerweise bilden die hellen böhmischen Biere, die man bei uns als Pilsner bezeichnen würde, hier aber *světlý* genannt werden, einen erfrischenden, geradezu idealen Kontrapunkt zu den schweren Gerichten des Landes, vom langsam köchelnden *Gulasch* über Rindfleisch in cremiger Sahnesauce bis hin zu den allgegenwärtigen Knödeln. Betont hopfig schneiden sie wie ein Messer durch das Fett, ihre trockene Frische und durststillende Süffigkeit erfrischen Gaumen und Geist und verhindern die sonst auf üppige Gerichte folgende Schläfrigkeit.

Und da kommen wir wieder zur Verbindung von Bier und Kulinarik: Es zeigt sich, dass es oft besser ist, auf Kontraste zu setzen, anstatt beispielsweise schwer mit schwer oder üppig mit üppig zu kombinieren.

BARKÜCHE IN DEN USA

Bisher haben wir uns mit Ländern befasst, deren Brautradition viele Generationen zurückreicht. Wir wollen nun einen Blick auf eine Bierkultur werfen, deren Alter sich in Jahrzehnten statt in Jahrhunderten oder Jahrtausenden bemisst – in der eine Zeit lang (und in gewissen Segmenten heute noch) das Lagerbier als Höhe der nationalen Braukunst galt, das so leicht, süßlich und anämisch war, dass man seinen Gehalt kaum bemerkte.

Die USA gelten heute mit Recht als Eldorado des Braugewerbes und der Craft-Bier-Bewegung, man muss aber bedenken, dass die Vereinigten Staaten in Sachen Bier lange nicht viel zu bieten hatten. In der Zeit, in der die amerikanischen Bierliebhaber darüber diskutierten, ob Millers *Lite* weniger schmeckte oder weniger füllend war (mit großer Sicherheit eher Letzteres), war der Rest der Welt damit beschäftigt, über die amerikanischen Biere herzuziehen und anzuzweifeln, ob so etwas überhaupt noch Bier sei – oder, um es mit den Worten von Monty Python zu sagen, »verdammt nahe an Wasser« herankam.

Dennoch haben wir dem leichten, hellen amerikanischen Lager heute einiges zu verdanken – und zwar den typischen, mit einem Snack verbundenen Barbesuch. Die amerikanische Bierkultur ist die weltweit erfolgreichste und hat sich ungeheuer schnell verbreitet. Man findet sie in fast der gesamten westlichen Welt, zum Teil auch in östlichen Gefilden. Ob in London, São Paolo, München oder Montreal – man muss nicht lange suchen, um in einer Bar die Art von Snacks serviert zu bekommen, die man in einer Bar in Arizona erwarten würde. Grund dafür ist nicht nur die globale Verbreitung des amerikanischen Fast-Foods, sondern die absolute Verträglichkeit dieser Speisen mit den wenig intensiven internationalen Lagerbiersorten.

Würde man eine Liste der wichtigsten in US-Bars servierten Speisen erstellen, käme man zu dem Ergebnis, dass die meisten davon eine oder mehr der folgenden drei Hauptmerkmale aufweisen: salzig, scharf und fett. *Chicken Wings* beispielsweise sind meist scharf gewürzt und fett, wenn nicht auch noch salzig; *Nachos mit Käse* weisen alle drei Merkmale auf; *Hamburger* sind zumeist fett und salzig, werden aber auch gern scharf gewürzt; und das als Fingerfood so beliebte *Fried Chicken* ist salzig, fett und oft scharf, je nach Dip. Bei der Art des dazu servierten Bieres handelt es sich meist um in Massenproduktion gebraute Lagerbiere (die internationalen Schwergewichte im Bierverkauf) und hier ist die Liste an Merkmalen noch kürzer. Eigentlich besteht sie aus einem einzigen Element – dem Kohlensäuregehalt.

Und damit wären wir wieder bei der Kombination »Champagner mit *Fish & Chips*«, auf die ich bei meinem ersten Londonaufenthalt gesetzt hatte (siehe Seite 64). Ob nun das zu amerikanischen Snacks gereichte, geschmacklich eher unauffällige Lagerbier fast keine Hopfenaromen aufweist (bei internationalisierten Lagersorten fast immer der Fall), leicht herb oder sanft malzig ist – zum passenden Partner wird es allein durch die Kohlensäure. Durch sie wird das Bier zum Gaumenputzer, mit dem man Fett, Salz und Gewürz von der Zunge spült und sich für den nächsten Bissen bereit macht. Aus demselben Grund, mit dem spritzig perlender Champagner als ultimativer »Geht-Immer« sogar zu schweren Gerichten passt, die sonst nicht mit Wein kombinierbar sind (*Fish & Chips*), bilden stark kohlensäurehaltige Lagerbiere das ideale Gegenstück zu fast allem, was salzig, scharf oder üppig ist. Ein geschulter Bierkenner würde zwar vermutlich ein aromatischeres, betont hopfiges Bier als Gegenpol zu Fett, Salz oder scharfen Gewürzen vorziehen, aber als Begleiter zu durchschnittlichem Fingerfood und Snacks leisten spritzige, leichte Lagerbiere mit ihrer erfrischenden Kohlensäure durchaus gute Arbeit.

GEGENÜBER: Die Bräustube von Firestone Walker in Paso Robles (Nordkalifornien) ist ein Treffpunkt von Craft-Bier-Freunden. Das angrenzende Restaurant serviert mit eigenem Bier gekochte Gerichte.
OBEN LINKS: Scharf gewürzte *Chicken Wings* und ein frisches Bier sind eine köstliche Kombination. Zu salzig, scharf und fett passen spritzige Lagerbiere mit viel Kohlensäure.
OBEN RECHTS: Ein *Blaukäse-Burger mit Bacon und Pommes frites* passt hervorragend zu einem aromatischen Glas Pale Ale oder IPA.

BIERKULINARISCHE TRADITIONEN

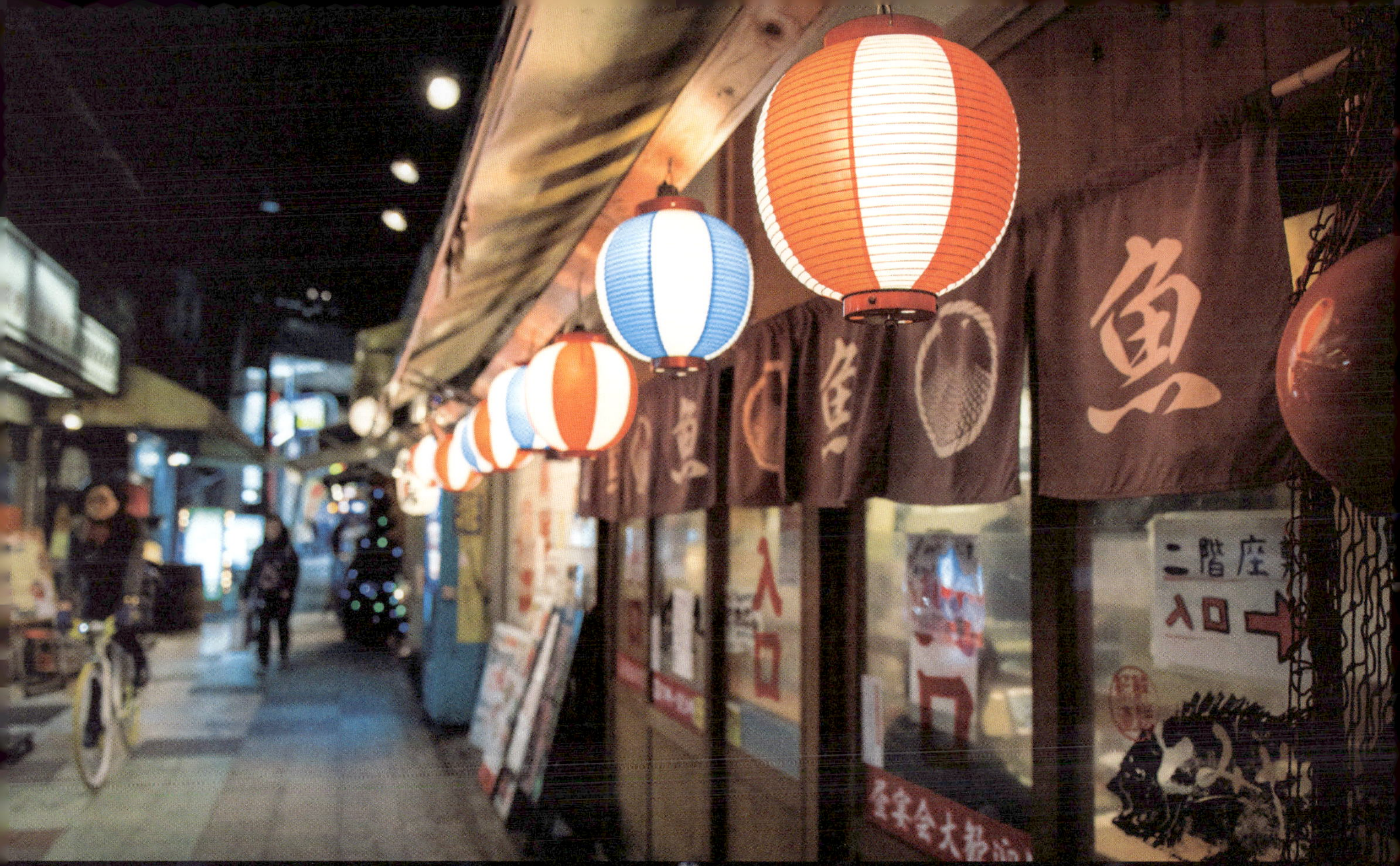
魚
入口

ミュンヘンビール
清涼飲料
シトロン
清涼飲料
シトロン
TRADE MARK
サッポロビール
國産 登録 商標
SAPPORO BEER
札幌ビール
大日本麦酒株式會社醸造
登録商標
YEBISU BEER
ヱビスビール
宮内省御用達
大日本麦酒株式會社醸造
宮田屋酒店
登録商標
札幌ビール
宮内省御用達

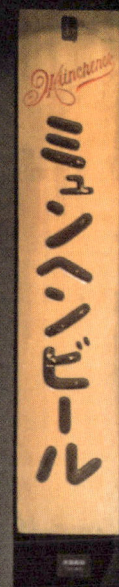

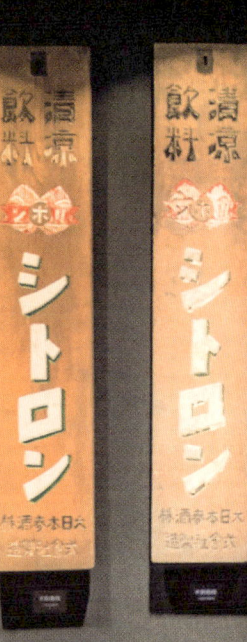

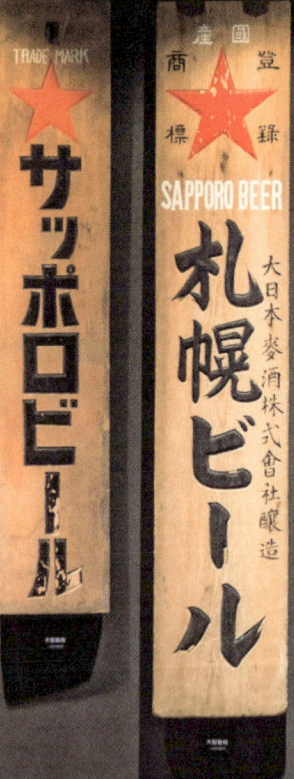

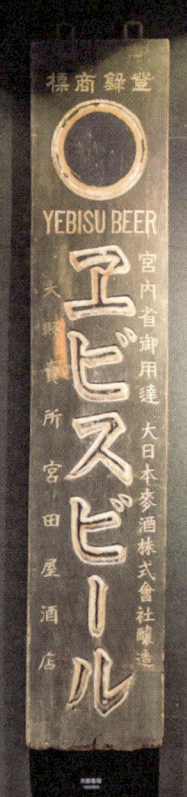

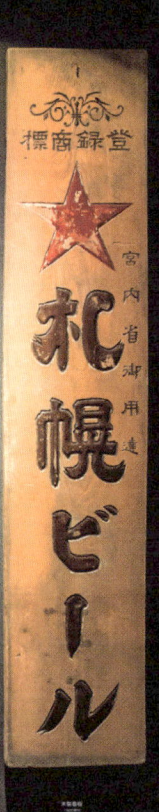

DIE JAPANISCHEN IZAKAYA-KNEIPEN

Bier trinkt man in Asien erst seit relativ kurzer Zeit, in Japan etwa seit Mitte des 19. Jahrhunderts. Seitdem ist das »flüssige Gold« aber auch dort weitverbreitet, und zwar so sehr, dass sich der Bierexperte Michael Jackson 1977 zu der Voraussage veranlasst sah, mit Kirin könnte Japan eines Tages über die größte Brauerei der Welt verfügen. Amerikaner, Briten und Niederländer übten von Anfang an Einfluss auf die japanische Brauindustrie aus, der bei Weitem größte ging von Deutschland aus. 1869 wurde ein Experte der japanischen Regierung nach Deutschland entsandt, um mehr über dieses traditionsreiche Gewerbe herauszufinden. Das bayerische Bierzelt diente als Modell für Dutzende Bierhallen, die in Japan errichtet wurden – die erste 1899 im berühmten Ginza-Bezirk in Tokio von der Brauerei Sapporo.

GASTRO-TIPP

»BEI NETTEN BIER- UND ESSLOKALEN DENKT MAN SOFORT AN DIE KNEIPE VON BAIRD IM HARAKUJU-VIERTEL TOKIOS. BAIRD IST EIN TALENTIERTER CRAFT-BRAUER, BEI IHM GIBT ES TRADITIONELLE *IZAKAYA*, KLEINE TELLERGERICHTE, DIE WUNDERBAR ZU SEINEN BIEREN PASSEN.«

Scott Robertson, Braumeister bei Brewerkz, Singapur

GEGENÜBER OBEN: Izakaya ist eine populäre japanische Kneipenform wie diese in Osaka, in der man Speisen als Begleiter von Getränken serviert – die japanische Version des Pubs.
GEGENÜBER UNTEN: Eine dekorative Sammlung von Bier-Zeichen im Biermuseum von Sapporo auf Hokkaido.
OBEN: »Trockene« Biere passen gut zu dezent gewürzten japanischen Gerichten, sind jedoch völlig unpassend bei Spezialitäten mit Miso und fettem Fleisch – da müssen japanische Craft-Biere der neuen Generation einspringen.

Japan ist somit sein ganzes kurzes Brauerleben hindurch ein Land des Lagerbieres gewesen. Darüber hinaus hat es diesen Bierstil in seiner wohl zartesten Interpretation hervorgebracht. Die japanische Küche legt großen Wert auf feine Nuancen. Eine *Izakaya*-Platte könnte beispielsweise aus Sashimi, Edamamebohnen und Tofu bestehen, die sich jeweils durch dezente Geschmacksnoten auszeichnen. Wird dazu noch etwas Frittiertes gereicht, ist es wahrscheinlich in zartem Tempura-Teig ausgebacken, was den natürlichen Geschmack der Zutaten hervorhebt. Solche dezent schmeckenden Speisen kommen nur neben ausgesprochen milden Getränken zur Geltung, weshalb Sake mit seinem meist sanften und feinen Profil so gut zur japanischem Küche passt.

Aus diesem Grund wurde auch der als »trocken« zu bezeichnende japanische Lagerstil erfunden, der nach wie vor den japanischen Biermarkt dominiert. Diese meist aus Gerstenmalz und Reis gebrauten Biere sind anders als etwa leichte amerikanische Lager, sie sind nuancenreicher und weit weniger süß. Im Grunde ahmen sie die weiche, blumige Würze und die trockene Sherrynote von Sake nach. Für ein ausgedehntes Abendessen in der *Izakaya*-Kneipe eignet sich das trockene, leichte Bier zudem besser als der stärker alkoholhaltige Sake.

Angesichts einer internationalen Craft-Bier-Szene, die zunehmend auf höheren Alkohol- und Hopfengehalt setzt, lehren uns die Japaner die Kunst des Subtilen. Trockenes Bier besticht weniger durch geschmackliche Intensität, passt aber wunderbar zu dezent gewürzten Speisen, die von kräftigeren Bieren leicht erdrückt werden könnten.

ZURÜCK ZU DEN BASICS

Elementare Erkenntnisse, wie wir sie aus dem britischen Pub, dem bayerischen Bierzelt, der amerikanischen Bar oder der japanischen Kneipe gewinnen konnten, mögen angesichts moderner kulinarischer Trends zu simpel wirken. Dennoch bilden diese im Laufe der Zeit natürlich gewachsenen Regeln die Grundlage für die Kunst, Biere und Kulinarik zu kombinieren.

Die beiden Prinzipien »Ergänzung« oder »Kontrast«, wie sie uns die Beispiele aus Belgien und Tschechien aufgezeigt haben, bieten gute Faustregeln für fast jede Art von Kombination von Speisen mit Getränken – egal, ob es sich um Bier, Wein, Cocktails oder Whiskey handelt. Manchmal soll das Getränk wie ein Messer durch das Fett oder die Würzung eines Gerichtes schneiden. Bei Bier sorgt dafür die Kohlensäure (wie das amerikanische Beispiel gezeigt hat) und der Hopfen (wie wir noch sehen werden). Mildheit (wie beim japanischen Lager) ist eine Qualität, die beim Kombinieren allzu oft übersehen wird. Ebenso wie die Lehren aus der Geschichte oft nicht ausreichend gezogen wurden, was der kulinarischen Harmonie immer schon abträglich war.

Ob man nun ein Bier für ein Gericht aus Schweinefleisch oder als ideale Ergänzung für eine Rindfleischpastete sucht – auf die Grundregeln kann man sich verlassen. Aber spannend wird es erst abseits der Konvention.

BIER & PIZZA

DIE WAHRSCHEINLICH WELTWEIT BELIEBTESTE SPEISE-GETRÄNK-KOMBINATION IST HEUTE PIZZA UND BIER, DER MOTOR ZAHLLOSER PARTYS, STANDARDAUSRÜSTUNG ZAHLREICHER TV-SITCOMS UND THEMA VON MINDESTENS EINEM PUNKROCK-SONG. ABER SO GERNE WIR ES UNS AUCH MIT BIER UND PIZZA GEMÜTLICH MACHEN, ACHTEN WIR WENIG DARAUF, WIE BEIDES ZUSAMMENPASST. BEIM NÄCHSTEN PIZZAABEND SOLLTE MAN DIESE LISTE BEACHTEN. VIELLEICHT WÜRDE MAN DIESE KOMBINATION DANN NOCH MEHR LIEBEN.

- **MARGHERITA:** Wiener Lager
- **PEPERONI:** Pale Ale im amerikanischen Stil
- **DIAVOLO (scharfe Wurst und Peperoni):** IPA im amerikanischen Stil
- **PEPERONI/PILZ/PAPRIKA:** IPA im US-Stil, aber mit weniger Alkohol (<6,5 Volumenprozent)
- **WURST:** Rauchbier (Märzen oder Lager)
- **HAWAII:** braunes Ale oder Pale Ale im jungen neuseeländischen Stil
- **MEAT LOVER:** Bock oder Doppelbock
- **PRIMAVERA:** Dunkles oder Steam Beer
- **PESTO:** Helles
- **PIZZA BIANCA MIT HÄHNCHEN:** Hefeweizen

GEGENÜBER: Die Crate Brewery im Londoner East End ist für ihre köstlichen, im Steinofen gebackenen Pizzen bekannt.
LINKS: Die bayerische Brauerei Ayinger braut einen Hefeweizen-Klassiker, der den Durst löscht und zudem eine hervorragende Ergänzung zu aus Schweinefleisch zubereiteten Schmankerln bildet.

ますます BIERKULINARIK ますます
HEUTE

BIERKULINARIK HEUTE

KÖSTLICHE KOMBINATIONEN

MAN KANN DAS AUSMASS, IN DEM SICH DIE WELT IN DEN LETZTEN 50 JAHREN VERÄNDERT HAT, KAUM GROSS GENUG SCHÄTZEN. WÄHREND WIR FRÜHER FERNGESPRÄCHE VORAB ANMELDETEN UND AUF IHRE DAUER ACHTETEN, UM DIE KOSTEN GERING ZU HALTEN, KOMMUNIZIEREN WIR HEUTE ZU BILLIGTARIFEN UM DIE HALBE WELT – OFT SOGAR MITTELS VIDEOÜBERTRAGUNG. DAS TRANSPORTWESEN HAT ENTFERNUNGEN RELATIVIERT, WIR STEIGEN HEUTE IN FLUGZEUGE SO SELBSTVERSTÄNDLICH WIE IN BUSSE, UND PRODUKTE AUS ALLER WELT SIND HEUTE FAST LEICHTER ERHÄLTLICH ALS NAHRUNGSMITTEL VOM NAHEGELEGENEN BAUERNHOF.

Diese Neuerungen haben auch unsere Trink- und Essgewohnheiten radikal verändert. Wo früher eine bestimmte Küche geografisch begrenzt oder durch Immigration weitergetragen wurde, finden wir heute Thai-Restaurants in Orten, die niemals einen Thai gesehen haben, Sushi-Bars, die Tausende von Kilometern von Japan entfernt sind, und Städte voller Tapas-Bars, deren Menge mit der Anzahl der Kneipen in spanischen Städten konkurriert. Und beim Bier ist es kaum anders.

In den 1970er-Jahren exportierten nur die größten Brauereigesellschaften – die für heutige Verhältnisse so groß gar nicht waren. Zum Vergleich: 1977 war die weltweit größte Brauereigesellschaft Anheuser-Busch mit einer jährlichen Produktion von etwa 40 Millionen Hektolitern Bier. Die zurzeit größte, nämlich Anheuser-Busch InBev, produziert mehr als das Zehnfache dieser Menge.

Die Veränderung begann dann in den 1980er-Jahren, als kleinere Marken aus Ländern wie Belgien und den Niederlanden international bekannt wurden. Bald entstanden zahlreiche Mikrobrauereien, die unterschiedlichste Bierstile aus aller Welt nachahmten, sodass in London deutsches Lagerbier, in Toronto irischer Stout und in New York englisches Pale Ale gebraut wurde.

Zwei Jahrzehnte später sah die Situation bereits wieder anders aus. Die kleinen Mikrobrauereien waren zu durchaus stattlichen Craft-Brauereien geworden und eine neue Generation von Bierfreunden hatte India Pale Ale, Barley Wine und alle möglichen belgischen Stile kennen- und lieben gelernt.

Parallel zur globalen Verbreitung unterschiedlicher regionaler Küchen hatten im ersten Jahrzehnt des 21. Jahrhunderts auch die Bierstile nationale Grenzen überschritten. Es muss also überprüft werden, was wir heute unter »Bierkulinarik« verstehen.

WIR HABEN ES HEUTE MIT EINER INTERNATIONALISIERUNG VON SPEISEN UND BIER ZU TUN UND DARÜBER HINAUS MIT EINER NIE GEKANNTEN VIELFALT AN BIERSORTEN MIT FRÜHER UNDENKBAREN ZUTATEN UND METHODEN; MIT STILEN AUS ALLEN ECKEN DER WELT, DIE ÜBERALL IN BARS, LÄDEN ODER BRAUEREIEN VERKAUFT BZW. ERZEUGT WERDEN; UND MIT VERGESSENEN REGIONALEN BIER-REZEPTUREN, DIE DYNAMISCHE BRAUER AUF DER SUCHE NACH DEM GROSSEN HIT WIEDERERWECKEN.

GEGENÜBER OBEN: Die Crown Tavern in Clerkenwell in London ist ein altes viktorianisches Pub mit Ausrichtung auf Craft-Bier. Es bietet zahlreiche Snacks, aber auch englische Klassiker wie *Fish & Chips* oder Würstchen mit Kartoffelbrei.

GEGENÜBER UNTEN: The Craft Beer Company betreibt in London diverse Bars, die traditionelle Snacks wie *Schottische Eier* und *Schweinefleischpastete* servieren.

»BIER-CUISINE« – EIN MANIFEST DES 21. JAHRHUNDERTS

Lange Zeit war Bierkulinarik ein Phänomen, das man mit Belgien und Nordfrankreich verband, insbesondere mit der Region Nord-Pas-de-Calais. Dort ist Bier eine beliebte Zutat der regionalen Küche, wobei das jeweilige Gericht dann meist auch in der Begleitung von Bier aufgetischt wird.

In der zweiten Auflage seines *Beer Companion* erklärt Michael Jackson, dass das Kochen mit Bier eine lange und geschichtenreiche Tradition hat, wobei er Rezepte aus den 1870er-Jahren und von legendären Kochkünstlern wie Auguste Escoffier anführt. Er erläutert, dass die Vorliebe, mit Bier zu kochen, sich Mitte der 1990er-Jahre von Belgien und Frankreich ausgehend (»dem geografischen Zentrum der Leidenschaft für gutes Essen und edles Bier«) auf Teile Europas und der USA ausbreitete.

Und Jackson sah das natürlich richtig. In meinem Büro sind ganze Regale mit Bänden gefüllt, in denen es in Sprachen wie Deutsch, Dänisch, Englisch und Französisch um die Bierküche geht – mit Rezepten einfacher Brauhauswirte und preisgekrönter Sterneköche. Dass solche Bücher und Rezepte existieren, zeugt von der wachsenden Beliebtheit der »Bier-Cuisine«.

Noch stärker als das Interesse für das Kochen mit Bier ist allerdings die kollektive Begeisterung für das Kombinieren von Bier und Speisen. Trotz der überall vertretenen Kleinbrauer und der Legionen von Bierfreunden, die heute die Sondereditionen ihrer Lieblingsbiere als überzeugte Fans verfolgen, fristet Bier in der Gastronomie immer noch eher ein Schattendasein. Köche, die stolz darauf sind, einem Stück Steinbutt auch die feinste Geschmacksnuance zu entlocken, geben sich mit industriell hergestelltem Lager zufrieden; Restaurants mit preisgekrönten Weinkarten führen lediglich als Alibi fünf oder sechs einander ähnelnde Biere; und Bars, die in zehnminütiger Detailarbeit Cocktails aus 13 Zutaten mixen, bieten drei langweilige Biersorten für Gäste an, denen nicht nach malaysisch inspirierten Versionen von Margarita zumute ist.

GASTRO-TIPP

»LOGAN BROWN IN WELLINGTON, NEUSEELAND, IST EIN FÜHRENDES RESTAURANT MIT EINER KLEINEN, ABER ANSPRUCHSVOLLEN BIERKARTE. BEI DER PRÄSENTATION DER BIERE STEHT DAS THEMA GLÄSER EBENSO IM FOKUS WIE BEI DEN WEINEN.«

Matt Kirkegaard, Herausgeber von *Australian Brews News* und australischer Bier-Autor des Jahres 2014.

Das ist nicht genug. Bierkulinarik bedeutet nicht nur, mit Bier zu kochen. Es bedeutet darüber hinaus, zu den Gerichten auf der Speisekarte passende Biere anzubieten und diese mit dem Respekt zu behandeln, den man Wein entgegenbringt. Und es bedeutet auch, zuzugeben, dass der beste Begleiter so manchen Gerichts oft Bier ist. Das ist der Startpunkt für eine neue Bierrevolution. Es kann nicht angehen, dass man im Restaurant wie selbstverständlich Wein bestellt. Bierliebhaber werden sich nicht auf Dauer

---

GEGENÜBER OBEN: Falling Rock Bar (Denver) Colorado. Ein Barkeeper studiert seine Bierkarte.

GEGENÜBER UNTEN: Die Thornbridge Brewery in Derbyshire (England), unterhält mehrere Pubs, so auch eine bekannte Bar am Bahnhof von Sheffield, die Bier und Speisen serviert.

OBEN: Craft-Bier und Tattoos sind in Kombination ebenso beliebt wie gutes Bier und gutes Essen in zahlreichen Bierlokalen Europas und in den USA.

mit einer Mini-Bierkarte begnügen oder mit ein paar wenigen, vom Kellner aufgezählten Standardmarken. Die meist unauffälligen Lagerbiere von Großbrauereien, die regelmäßig mehr Proben verteilen, als eine mittlere Craft-Brauerei an Bier erzeugt, sind in Ordnung, wenn ein Kunde sie will – aber die Geschmäcker sind verschieden.

GASTRO-TIPP
»DAS BEKANNTE PARISER RESTAURANT QUI PLUME LA LUNE WIRD VON JACKY RIBAULT GELEITET, DEM ERSTEN STERNEKOCH FRANKREICHS, DER NEBEN WEINEN AUCH CRAFT-BIERE ANBIETET.«
Elisabeth Pierre, Bier-Autorin und Verfasserin vom *Le Guide Hachette des Bières*

Was wünschenswert wäre, ist die Möglichkeit, Biere angeboten zu bekommen, die gut zu den bestellten Gerichten passen, denn ehrlich gesagt, Lagersorten von Großbrauereien harmonieren nicht zu besonders vielem. In Restaurants sind handfeste Bierkarten erforderlich und nicht ein paar vom Kellner vorgeschlagene Marken. Auf diesen Karten sollte mehr geboten werden als Trendbiere, die gerade leicht erhältlich oder in Mode sind. Die Karten, die wir uns wünschen, setzen die gleiche Art sorgfältiger Überlegungen voraus, wie sie bei der Erstellung einer seriösen Weinkarte zum Einsatz kommen. Vor allem aber müssen sie Biere auflisten, die gut zur Küche des Restaurants passen.

Das bedeutet aber auch, dass sich die Einstellung von Sommeliers, Barkeepern und Servicekräften ändern muss, damit sie Wein und Bier als einander ebenbürtig ansehen, und nicht bei der Bestellung »Ein Bier bitte« die Stirn runzeln. Das absolute Minimum wäre, dass sie Grundkenntnisse in Sachen Bierstile erwerben und in der Lage sind, für jedes auf der Karte stehende Gericht mindestens ein passendes Bier zu empfehlen, wenn nicht drei oder vier in verschiedenen Preiskategorien, wie man es bei Wein gewohnt ist. Wenn Käse serviert wird, darf dazu nicht länger nur Wein infrage kommen – probieren wir stattdessen lieber auch mal ein paar Biere.

Denn darum geht es bei der Bierkulinarik im 21. Jahrhundert: Bier soll nicht mehr hinter dem Wein rangieren wie bisher, sondern seinen Platz in der Küche als Zutat in Rezepten und auf dem Tisch als Bestandteil einer gastronomischen Kombination behaupten.

Es geht auch darum, dass etwa Barley Wine im Restaurant nicht mehr frisch aus dem Kühlschrank in ein geeistes und geradwandiges Glas eingeschänkt werden sollte. Um größtmöglichen Biergenuss zu ermöglichen, muss das passend temperierte Bier in einem geeigneten Glas serviert werden.

Und zuletzt sollte Bier in seiner unglaublichen Vielfalt mehr geschätzt werden. Aufgrund seiner beeindruckenden Palette an Geschmacks- und Aromanoten und Farbnuancen, und, ganz wichtig, aufgrund seiner Fähigkeit, Speisen zu ergänzen.

Das soll nun nicht heißen, dass von nun an sämtliche möglichen Biersorten im Lokal angeboten werden und perfekt mit allen Gerichten harmonieren müssen. Das kann niemals gelingen. Aber mit ein klein wenig Mühe kann man schon einiges verbessern, und die Tage, da auf einer Steakhaus-Speisekarte fünf Lagersorten und zwei Pale Ales standen, sollten gezählt sein – sind es aber leider noch nicht.

Es ist Zeit für eine bierkulinarische Revolution. Und wie bei jeder Revolution, die etwas bewirken soll, brauchen wir dafür ein paar Leitlinien.

GEGENÜBER: Ein Glas *Dark Star Six Hop* passt gut zu jedem Schmorgericht oder Eintopf mit Rindfleisch oder Lamm.
UNTEN: Muscheln mit Witbier sind typisch für die belgische Küche.

STENE ISACSSON

DIE PFLEGE DER SCHWEDISCHEN BIERKULTUR

AKKURAT, STOCKHOLM, SCHWEDEN

WENN MAN ETWAS ÜBER DIE STOCKHOLMER BIERSZENE WEISS, KENNT MAN AUCH OLIVER TWIST UND AKKURAT – ZWEI BIERLOKALE VON WELTKLASSE. SIE LIEGEN NUR WENIGE SCHRITTE VONEINANDER ENTFERNT UND EIN BESUCH LOHNT SICH IMMER. STENE ISACSSON HAT IN BEIDEN GEARBEITET UND ES SCHLIESSLICH ZUM MITEIGENTÜMER VON AKKURAT GEBRACHT.

»Ich habe 1993 im Oliver Twist angefangen, 1995 bin ich dann zu Akkurat gewechselt, das neu eröffnet wurde. Als sich 2001 die Gelegenheit bot, das Akkurat zu kaufen, habe ich es mit zwei Kollegen übernommen«, erzählt Stene.

In den zwanzig Jahren seines Bestehens hat Akkurat aktiv an der Entwicklung der schwedischen Craft-Bier-Szene mitgewirkt, die vor allem deshalb Erfolg hatte, weil sie, wie Stene sagt, Anregungen aus dem Ausland aufnahm. »Wir suchen immer noch den Weg zu unseren eigenen Wurzeln, wo immer die auch sein mögen«, sagt er. »Alles, was eine Brauerei hier hervorbringt, ist mit ziemlicher Sicherheit ein Stil von anderswo oder ein etwas veränderter bekannter Stil. Irgendwie hat man das Gefühl, dass wir noch ein junges Land sind.«

Als ich mich wundere, dass sich die nordische Cuisine-Bewegung noch nicht auf die Brauer ausgewirkt zu haben scheint, entgegnet Stene, es gebe Experimente in diese Richtung. Er nennt insbesondere die Närke Kulturbryggeri, die ihre Biere mit Kiefernsprossen und alten, in Schweden nur noch wild wachsenden Hopfensorten würzt, und Brauer, die traditionelle schwedische Getreidesorten einsetzen. Der Fortschritt sei aber langsam und das Interesse begrenzt.

»ES IST NOCH EIN WEITER WEG, BIS WIR FÜR UNSERE BIERE UND GERICHTE DEN ECHT SKANDINAVISCHEN GESCHMACK GEFUNDEN HABEN WERDEN. UND EIN NOCH WEITERER, BIS SIE KLASSIKER SIND, DIE MAN IN JEDEM LOKAL BEKOMMT.«

Es gibt ein Gebiet, auf dem die schwedische Küche heute schon Besonderes leistet, nämlich in Sachen Räucherfisch.

Im Akkurat versteht man sich bestens auf diese Spezialität. Stene zufolge passt Räucherfisch sehr gut zu Bier und ermöglicht es, interessante Kombinationen zu kreieren. »Ganz wichtig beim Verbinden von Kulinarik mit Bier ist die kleine Geschmacksnote, die das Gericht zusätzlich bekommt«, sagt er. »Beispielsweise ist der Räucherhering, den wir jetzt auf der Karte haben, ein relativ komplexer Kombinationspartner. Der ziemlich fette und rauchige Hering, das dunkle, in Butter gebratene Sodabrot, die Essigzwiebeln mit Dill, und dann der Kartoffelbrei und das pochierte Wachtelei, die alle Geschmacksnoten miteinander verbinden. Bei so etwas kann man unterschiedliche Wege einschlagen.«

Er nennt ein braunes Ale als möglichen Aufhänger für das Brot, ein hopfiges, aber nicht aggressives Pilsner als Gegenpol zu dem fetten Fisch, oder einen Stout, der das Salzige und Rauchige des Gerichts aufgreift. Generell und ohne Rücksicht auf die anderen Geschmacksnoten empfiehlt er jedoch als Pendant zu Räucherfisch ein Rauchbier oder einen rauchigen Porter, »etwas Ausgewogenes, das aber stark genug ist, sodass es neben dem Gericht voll zur Geltung kommt«.

Als Alternative könne man natürlich immer ein gutes Lager wählen. »Wir sind immer noch ein Lagerbierland«, bemerkt er. »Lager ist schon so lange unser Bierstil, dass fast in Vergessenheit geraten ist, dass wir früher eine Menge Porter getrunken haben. Trotzdem denke ich, dass ein gut gebrautes Lager mit den meisten unserer traditionellen Gerichte durchaus gut zusammenpasst.«

GEGENÜBER: Stene Isacsson ist ein impulsgebender Anhänger der schottischen Craft-Bier- und-Lebensmittel-Bewegung und Miteigentümer der Stockholmer Bierkneipe Akkurat.

KOMBINATIONSPRINZIPIEN

In Bezug auf die Wahl passender Getränke sprechen Gastronomieexperten oft von den »drei Ks« (Komplementierung, Kontrast und Kontrapunkt), wobei die beiden letzteren die zwei Seiten derselben Medaille sind, aber mehr davon später. Dieser dynamischen und nützlichen Dreiheit würde ich noch ein viertes Element hinzufügen: Kontext. Auch davon später mehr, sehen wir uns zuerst die großen Drei an.

KOMPLEMENTÄRE KOMBINATIONEN

Der einfachste Weg zu einer gelungenen Kombination von Speisen und Getränken (ob Bier, Wein, Cocktail, Schnaps oder indisches Lassi) besteht darin, sie so zu wählen, dass sie sich ergänzen. Das ist in der Praxis ebenso simpel wie in der Theorie, mit Ausnahme von ein, zwei Einschränkungen. »Ergänzung« hat offensichtlich etwas mit »ganz« zu tun – anders gesagt, sie ist erforderlich, um einen befriedigenden Gesamteindruck zu erzielen. Speisen und Getränke müssen sich also so ergänzen, dass sie durch ihr ausgewogenes Verhältnis etwas Neues entstehen lassen, das mehr ist als die Summe ihrer Bestandteile. Konkreter gesagt, die ergänzende oder komplementäre Kombination von Essen und Bier beruht darauf, dass Geschmack und Aroma der beiden etwas gemeinsam haben. Ein süßes Fruchtdessert etwa lässt sich problemlos mit einem Bier ergänzen, das dieselben Fruchtnoten aufweist, zu einer Schale von Knabbernüssen passt wunderbar ein trockenes und nussiges braunes Ale.

GASTRO-TIPP

»BIRCH & BARLEY IN WASHINGTON DC FÜHRT EINE REICHHALTIGE SPEISEKARTE UND EINE GROSSE AUSWAHL AN FASSBIEREN. MIT DEN 120-MILLILITERGLÄSERN KANN MAN ZU JEDEM GANG DAS PASSENDE BIER TRINKEN BZW. VOR JEDEM GANG MEHRERE SORTEN PROBIEREN.
Ray Daniels, Gründer und Leiter des Cicerone Certification Programs

Probleme verursachen Speisen wie gegrillte Steaks oder Würstchen, es dürfte ja schwierig sein, Bier mit Fleischgeschmack zu finden (während ich das schreibe, frage ich mich allerdings, ob nicht irgendein findiger Craft-Brauer schon ein *Sirloin-Steak-Ale* entwickelt). Wir erweitern also die Komplementierung dadurch, dass wir statt des Generellen nun Besonderheiten ins Auge fassen und bedenken, dass ein Steak als Fleisch leicht süßlich schmeckt, dass ihm das Blut eine metallische Nuance verleiht und dass durch das Verbrennen der Fette auf dem Grill Röstaromen entstehen. Damit kommen wir auf einen Komplementärbezug zu Brown Ale oder Porter, die ähnliche Geschmacksnoten besitzen.

OBEN: Als passende Ergänzung zu gegrillten Garnelen empfiehlt sich ein Wiener Lager oder ein Pilsner.
GEGENÜBER: The Boater Pub in Bath, betrieben von der britischen Brauerei Fuller's, bietet klassische Pub-Gerichte, ergänzt durch eine Reihe von Bieren eigener und fremder Herstellung.

Ähnlich können Schweinswürstchen Kräuternoten aufweisen, ein aus dem Fett des Bräts resultierendes geschmeidiges Mundgefühl und eine gewisse Würze, was uns zu einem runden, vollmundigen und würzigen Bock oder Doppelbock bringt.

Je mehr man mit Komplementärbeziehungen experimentiert, desto offenkundiger werden sie, da Essen und Trinken im Grunde sinnliche Erfahrungen sind, die man als Ganzheit wahrnimmt und nicht in ihren Einzelheiten. Wir empfinden einen leckeren Kuchen nicht als einen Teig aus Vanille, Zucker, Butter und einem Topping aus Bitterschokolade und fruchtigen Kirschen darauf, sondern eben schlicht und einfach als TORTE! Nicht anders verhält es sich beim Verbinden von Essen und Bier. Als gelungene Kombination können beide zu einem einzigen, nahtlosen Geschmackserlebnis werden. Man wird also nicht mehr ein Stück Steak, Wurst oder Kuchen kauen und ein Brown oder Scotch Ale oder einen Bock dazu trinken, sondern in BROWNALESTEAK, WÜRSTCHENBOCK oder SCOTCH-ALEKUCHEN schwelgen. Anders gesagt, man wird zwei Elemente zu einem Ganzen verbinden.

KONTRAST & KONTRAPUNKT

Gelungene Kontrastbezüge zwischen Essen und Bier zu entwickeln ist schwieriger, als Ergänzungen zu finden. Ein gelungener Kontrast kann ein Erfolgserlebnis sein. Hier sind mehrere Ansätze möglich. Der einfachste Kontrapunkt besteht aus der Verbindung von unterschiedlich schweren Speisen und Bieren. Man kann ein üppiges und sättigendes Gericht mit einem leichten, spritzigen Bier kombinieren, oder ein leichtes Gericht mit einem schweren Bier. Beginnen wir mit Ersterem. Durch Essen füllt man den Magen. Letztlich ist das der eigentliche Zweck der Nahrungsaufnahme, die wir benötigen, um zu überleben. Wahr ist aber auch, dass gewisse Speisen sättigender sind, als andere: Deftige Fleischeintöpfe sind schwerer zu verdauen als pochierter Weißfisch und eine Kugel Vanilleeis ist üppiger als eine Birne. Bei schweren und sättigenden Gerichten wie Eintöpfen wirken komplementäre Biere (also beispielsweise starker Porter oder dunkles Ale) oft so, als würde man ein Gewicht auf ein anderes stellen. Ein kontrastierendes, leichtes Bier hingegen verschafft dem Magen bei üppigen Gerichten so etwas wie eine Verschnaufpause.

GASTRO-TIPP

»WENIGE LOKALE LASSEN MIR HERZ UND MAGEN HÖHER SCHLAGEN ALS THE ISLANDS, DAS GEMÜTLICHSTE JAMAIKA-RESTAURANT BROOKLYNS. LAGER UND IPAS BRINGT MAN SICH SELBST MIT, UND DANN GEHT ES LOS MIT FEURIGEM HÄHNCHEN, KOKOSGARNELEN UND ZARTEM OCHSENSCHWANZ. EIN GENUSS!«

Joshua M. Bernstein, Autor von *The Complete Beer Course*

Betrachten wir das Beispiel »Eintopf« etwas genauer. Trinkt man dazu anstatt schwerer dunkler Ales (die oft allerdings schwerer wirken, als sie sind, weil wir dunkle Getränke intuitiv als gehaltvoller empfinden) ein leichtes Bitter, erfrischend trocken und mit niedrigerem Kaloriengehalt. Man kann auch einen üppigen *Banana-Split-*Eisbecher mit einem leichten, etwas süßlichen Hefeweizen kombinieren, wobei das Gemeinsame in den an Banane erinnernden Estern des Bieres liegt.

Der umgekehrte Fall, dass also ein schweres Bier mit einer wenig intensiv schmeckenden Speise kombiniert wird, wäre die jahrhundertealte Partnerschaft von Schwarzbier und Meeresfrüchten, vor allem Austern. Porter oder Stout mit Austern (was man in den Londoner Pubs der viktorianischen Zeit so liebte), gilt als eine der weltweit langlebigsten Bier-und-Speise-Kombinationen überhaupt. Sie funktioniert, obwohl der Geschmack der Austern außerordentlich fein und der des Bieres kräftig ist. Grund dafür ist meiner Meinung nach der meersalzähnliche Geschmack der Austernflüssigkeit, der den leisen, im Bier neben Röstmalz oder schwarzem Malz noch als Hauch wahrnehmbaren Salzcharakter des Porters aufgreift. Neben diesem salzigen Aufhänger haben Porter und Stouts zumeist trockene oder halbtrockene Röstnoten, ein schöner Kontrast zur Süße roher Austern. Die Kombination funktioniert auch gut mit anderen Muscheln sowie mit Krebsen oder Hummer. Eines meiner eindrucksvollsten kulinarischen Erlebnisse dieser Art verschafften mir ein Topf mit gedünsteten Muscheln und mehrere Glas Porter, die ich an einem kühlen, aber herrlich sonnigen Tag in Portland im Freien genoss.

Das andere Kontrastelement wäre der Kontrapunkt, also äußerst markante Geschmacksnoten. Als Beispiel kann uns hier das Pastagericht *Fettuccine Alfredo* dienen. Trotz Sahne, Butter und Käse ist es kein wirklich schweres Gericht (gekonnt zubereitet, wirkt es sogar leicht), sondern eher eines, das den Gaumen mit aromatischen Ölen verwöhnt. Mit rundem, malzigem Bier als Begleiter würde man nur die Süße der Fette verstärken und nichts dafür tun, um die Geschmacksknospen zwischen den Bissen zu erfrischen. Ein herbes Pilsner oder Pale Ale dagegen wäre nicht nur ein deutlicher und erfrischender Kontrast, es würde darüber hinaus mit seiner Spritzigkeit und Hopfigkeit einen Kontrapunkt zum Fett liefern. Zu einer dicken Rahmsuppe wiederum wäre hopfiges Pils oder Kölsch, zu einer Muschelsuppe Porter, zu dreifachrahmigem Käse trockener Stout der passende Begleiter. Und geschmorter Schweinebauch schmeckt göttlich, wenn Fett und Salz von einem frischen Hefeweizen oder Hellen gezähmt werden.

GEGENÜBER: Ein knuspriger *Jalapeño Hot Dog* mit einem *Punk IPA* von BrewDog ist ein gutes Beispiel für das Setzen von Kontrasten und Kontrapunkt.

KOMBINIEREN NACH KONTEXTEN

Wenn man früher wissen wollte, wie etwa ein *Westmalle Tripel* mit weißem Spargel zusammenpasst, hatte man zwei Möglichkeiten. Entweder, man reiste zur Spargelzeit nach Belgien, oder man ließ es bleiben. Was nicht unbedingt eine Tragödie war.

Heute wird *Westmalle Tripel* überallhin exportiert, und weißer Spargel ist nicht mehr unbedingt auf die Frühjahrs-saison beschränkt. Beides zu kombinieren ist also nicht mehr allzu schwierig. Wenn ich in Toronto an einem Februarnachmittag in meinem Büro sitze, weiß ich, dass ich zwei Häuserblocks weiter Tripel kaufen und dann etwas weiter weißen Spargel aus dem Treibhaus erwerben kann, um mir einen schönen Abend zu machen. Was bei meinem winterlichen Spargelessen fehlen würde, wäre allein der Kontext, der in einer Welt, in der das internationale Biergeschäft boomt wie nie zuvor und in der Lebensmittel längst ihre Besonderheit verloren haben, einen gewaltigen Unterschied ausmachen kann.

Nehmen wir als Beispiel ein Erlebnis in Belgien Ende der 1990er-Jahre, als die Welt bereits über die Qualität der Biere aus »Het Bierland« Bescheid wusste, diese aber noch nicht überallhin exportiert wurden. Die betreffende Brauerei war die vielleicht am meisten verehrte und wohl abgeschiedenste Trappistenbrauerei Belgiens, Westvleteren. Nach einem unangemeldeten Besuch in der Abtei (so etwas war damals noch möglich, bevor die Website ratebeer.com *Westvleteren 12* zum besten Bier der Welt erklärt und die widerstrebende Brauerei ins internationale Rampenlicht gezerrt hatte), war ich mit meiner Begleiterin in dem Café In de Vrede, das dem Kloster unmittelbar gegenüberliegt, zum Mittagessen und auf ein paar Flaschen Bier eingekehrt. Das Essen war einfach, das Bier köstlich, und als Nachtisch bestellte ich ein *coupe in de Vrede* (Eis aus Westvleteren-Bier) und eine Flasche *Westvleteren 12* dazu. Selbst heute, fast zwei Jahrzehnte später, erinnere ich mich noch an diese Kombination als eine der besten, die ich je kennengelernt habe. Das Eis war göttlich und das Bier verband sich in seiner ganzen malzigen Herrlichkeit mit dem Dessert zu einem betörend köstlichen Ganzen. Da das In de Vrede ein ganz einfaches Café ist (auch bei einem späteren Besuch empfand ich das so), frage ich mich heute, ob dieses kulinarische Erlebnis tatsächlich so umwerfend war, wie es mir in meiner Erinnerung erscheint. Aber das ist eben der Zauber des Kontextes.

GASTRO-TIPP
»FÜR BRASSERIE-GERICHTE DER SPITZENKLASSE, EXZELLENTE BIERE, PERFEKTE BEDIENUNG UND ANGENEHMES INTERIEUR IST DOCK'S CAFÉ IN ANTWERPEN DIE TOPADRESSE.«
Luc de Raedemaeker, Cheftester und Projektleiter bei der Brussels Beer Challenge

Solche Kontextfreuden gibt es glücklicherweise immer noch, auch in der schnelllebigen, medial vernetzten Welt von heute. Kölsch ist in Flaschen und Dosen vielerorts erhältlich, der Stil wird auch oft imitiert, aber wahrscheinlich wird dieses Bier nie so gut schmecken wie direkt vor Ort, frisch gezapft getrunken, aus der »Stange«, dem zylindrischen schlanken Glas, aus dem man es in Kombination mit dem als »halven Hahn« bekannten Käsebrötchen unweit des Kölner Doms genießt.

Die chinesische Brauerei *Tsingtao* importiert heute in alle Welt, aber keine aus Fernost eingeschiffte Flasche lässt sich mit dem unpasteurisierten und ungefilterten Bier vergleichen, das man in einer Brauerei vor Ort in einem Plastikbecher zu einem Teller *Quingdao guotie* serviert bekommt, wie diese Teigtaschen im Reich der Mitte heißen.

Auch gebratene Hähnchenteile bekommt man überall auf der Welt, was aber könnte mit einer *Coxinha* mithalten, einer original brasilianischen Hähnchenkeule, zu der man ein frisch gezapftes *Colorado Indica IPA* in der FrangÓ-Bar in São Paulo genießt?

GEGENÜBER OBEN: Gerste, Weizen und Hafer verleihen dem *Tripel Karmeliet* einen komplexen Malzgeschmack, durch den dieses Bier hervorragend zu unterschiedlichsten Speisen passt, insbesondere zu weißem Spargel.

GEGENÜBER UNTEN: Der Kontext kann für eine gelungene bierkulinarische Kombination sehr wichtig sein. Ein Fischgericht und Witbier schmecken in einem Strandrestaurant garantiert besser als mitten in der Stadt.

AUF DEN HOPFEN KOMMT ES AN

Wenn es beim Kombinieren von Bier mit Speisen eine Geheimwaffe gibt, so ist es der geheimnisvolle Hopfen. Hopfen verleiht dem Bier unzählige Geschmacks- und Aromanoten, vor allem aber auch seine Bittere. Sie ist insofern wichtig, als sie verhindert, dass der noch im Bier enthaltene Restzucker zu süßlich wirkt. Zudem verleiht der Hopfen dem Bier Tiefe und Komplexität. Und in Bezug auf die Kombinierbarkeit mit Speisen ist das, was beim Wein die Säure ist, die Hopfigkeit beim Bier. Für alle, die sich auf das Kombinieren von Speisen mit Wein verstehen, ist die Sache relativ einfach: In Fällen, in denen man normalerweise stark säuerlichen Wein wählen würde, sollte man zu einem hopfenbetonten Bier greifen. Es sind aber noch einige Besonderheiten interessant.

GASTRO-TIPP

»RESTOBIÈRES IN BRÜSSEL WAR EIN UNVERGESSLICHES ERLEBNIS UND ICH HOFFE, ES WAR NICHT DAS LETZTE MAL. DAS LAG AM BIER, AM ESSEN, AN MEINEN BEGLEITERN, AN DER GASTLICHKEIT DES WIRTS UND SEINER UNTERHALTSAMEN ART.«

Luke Nicholas, Eigentümer von Epic Brewing, Neuseeland

Alle Weine enthalten Säure – und alle Biere, selbst wenn sie nicht bitter schmecken, enthalten Hopfen (mit Ausnahme der historischen »Gruitbiere«, die mit Kräutern und nicht mit Hopfen gebraut werden). Worauf es beim Wein und beim Bier jeweils ankommt, ist der Säuregrad bzw. Hop-fengehalt. Säuerliche Weine empfehlen sich für fette, ölige, salzige und scharf gewürzte Speisen, wobei sich bei letzte-ren die Sommeliers nicht ganz einig sind. Das sind die Speisen, zu denen auch kräftig gehopfte Biere passen, und zwar meist aus denselben Gründen wie säuerliche Weine. Bei Fett oder Öl kann die Säure des Weines zwischen zwei Bissen quasi als Kontrapunkt den Gaumen erfrischen, genauso verhält es sich mit der Hopfigkeit eines Bieres. Was Salz angeht, kann die Bittere ein Gegengewicht bilden, das den Salzgeschmack bis zum nächsten Bissen sozusagen wegschiebt. Bier enthält als zusätzliches Gaumenputzerelement Kohlensäure, die ebenfalls dazu beiträgt, die Geschmacksknospen zwischendurch von Fett bzw. Salz zu befreien.

Wie schon angedeutet, finden nicht alle Weinsommeliers, dass zu scharfen Speisen säuerliche Weine passen, so wie manche Bierkenner der Ansicht sind, würzige Gerichte und hopfige Biere würden ein Zuviel an Geschmacksintensität ergeben. Ich persönlich finde, dass Hopfen die Schärfe der Würzung abmildert, aber zugleich ihren Geschmack erhält, also den »Schmerz« dämpft, ohne den Geschmack abzutöten, wie es das übliche eisgekühlte helle Lager tut. Fügt man in Form eines ausgewogenen Double IPA noch leichte Süße hinzu, so verdoppelt sich der moderierende Effekt.

Der Beitrag des Hopfens beim Kombinieren von Bier mit Speisen ist allerdings nicht bloß die Bittere. Er sorgt darüber hinaus für Nussigkeit, für Kräuteraromen oder Noten von Zitrus- oder Tropenfrüchten. Kommt eine dieser Facetten zur Balance zwischen Herbheit des Bieres und Fett-Salz- und Schärfegrad des Gerichts hinzu, entsteht eine Geschmackskomposition, die geradezu erstaunlich ist.

Um auszuprobieren, wie gut hopfige Biere zu kräftigen Speisen passen, braucht man nur ein malziges und ein hopfiges Bier zu typischen Barsnacks wie *Laugengebäck* (salzig), *Hamburger* (fett) oder *Nachos mit Jalapeños* (scharf) verkosten. Dabei wird sich schnell zeigen, wie glanzlos das malzige Bier gegenüber den Salzbrezeln erscheint, wie kraftlos es neben dem fettigen Burger wirkt und wie es durch die Schärfe der Nachos an Körper verliert, während hopfiges Bier in all diesen Fällen einen interessanten Gegenpol bildet, der sich neben dem markanten Charakter der Snacks gut behauptet.

GEGENÜBER OBEN: Würzigkeit und Fettgehalt von *Nachos* verlangen nach hopfigen Bieren – vom Pilsner bis hin zum Pale Ale oder IPA.

GEGENÜBER UNTEN: Zu fetten, salzigen und scharfen Speisen passen hopfige Biere.

SUSANNE HECHT
WEISSBIER-BOTSCHAFTERIN
Kelheim, Deutschland

IN DER NÄHE EINER BRAUEREI AUFZUWACHSEN, IST NICHT UNBEDINGT EIN GARANT FÜR DEN EINSTIEG INS BIERGESCHÄFT. BEI SUSANNE HECHT HAT ES TROTZDEM GEKLAPPT.

Da Susanne in Kelheim unweit der Weißbierbrauerei G. Schneider & Sohn aufwuchs, war es naheliegend, dass sie sich als Studentin dort um einen Teilzeitjob bewarb. Nachdem sie in einem sechsmonatigen Praktikum als Assistentin des Brauereileiters Bekanntschaft mit der Welt des Bieres geschlossen hatte, kam es zu einer unerwarteten Wendung: Sie wurde gefragt, ob sie eine freigewordene Stelle in der Exportleitung übernehmen wolle.

Susanne schätzt, dass die wichtigste Qualifizierung für diese Aufgabe ihre Englischkenntnisse waren. Doch dank der Unterstützung des Seniorchefs, eines wie sie sagt, »sehr hilfreichen« Netzwerks internationaler Kunden, und ihrer Liebe zum Reisen fand sie sich in ihrer neuen Stellung rasch zurecht. Seitdem hat sie eine regelrechte Passion für Bier entwickelt, aber auch ein Faible für Bierkulinarik und andere Aspekte der Bierkultur.

Diese Neugier brachte sie dazu, 2008 am Biersommelier-Kurs der Brauerschule Doemens teilzunehmen. Es war nicht leicht, ihr Umfeld davon zu überzeugen, dass man Bier mit allen Sinnen und nicht nur gegen den Durst genießen kann. »Bier gehört hier schon so lange zum Leben der Menschen, dass sie nicht darüber nachdenken. Als wir mit Bier-Dinners anfingen, verstanden nicht einmal unsere Mitarbeiter, warum wir das Bier nicht halbliterweise ausschenkten und stattdessen Weingläser benutzten.«

Aber sie hat weitergemacht. Hilfreich war, wie sie sagt, dass sich Weißbier so gut mit Speisen kombinieren lässt. »Durch seinen hohen Kohlensäuregehalt kann man damit bei fetten oder ölreichen Gerichten den Gaumen spülen«, erklärt sie. »Es gibt natürlich auch die regional üblichen Kombinationen, wie etwa gebratenes Schweinefleisch oder sonstiges Gebratenes mit *Schneider Weisse Mein Original*.« Die jettende Exportleiterin brauchte nicht lange, um weitere Kombinationen mit Schneider-Bieren zu entwickeln. Einfache, herzhafte Gerichte wie Pizza harmonieren ebenfalls bestens mit dem frischen Weißbier *Mein Original*, dessen Kohlensäure den Gaumen reinigt. Komplexere Schmankerl wie ein cremiges *Schwarzwälder-Kirsch-Dessert* kombiniert sie gerne mit einem *Aventinus*.

»ICH KOMBINIERE BIER AUCH GERN MIT SCHOKOLADE, WEIL DAS FRAUEN ANSPRICHT. MILCHSCHOKOLADE MIT KARAMELLISIERTEN MACADAMIANÜSSEN UND DAZU *MEIN ORIGINAL* IST EIN FAVORIT, DA DAS SÜSSE, NUSSIGE UND VOLLMUNDIGE DER SCHOKOLADE IM BIER DAS ALLERBESTE HERVORHEBT.«

Die Frage nach ihrer Lieblingskombination beantwortet Susanne auf ziemlich unbayerische Weise: »Für mich ist das *Indisches Curry* und *Hopfenweisse*. Richtig feurige Currygerichte sind mir oft zu scharf, aber die *Hopfenweisse* macht die Schärfe im Mund viel angenehmer. Das schmeckt dann wirklich toll.«

GEGENÜBER OBEN: *Schneider Weisse* wird kästenweise in die ganze Welt exportiert. Dieses Bier ist ein echter Klassiker seines Stils.
GEGENÜBER UNTEN LINKS: Das ehemalige Weisse Bräuhaus heißt mittlerweile Schneider Bräuhaus und ist eine beliebte Münchner Gaststätte.
GEGENÜBER UNTEN RECHTS: Susanne Hecht organisiert seit Langem Bier-Dinners in der Brauerei Schneider Weisse in Kelheim.

SÜSS-HERBE AUSGEWOGENHEIT

Das Yin zum hopfigen Yang eines Bieres ist seine malzige Süße. In hopfenbetonten Stilen wie IPA und Imperial Stout stützt sie die Bittere ab, malzbetonten Bieren wie Doppelbock und Scotch Ale hingegen verleiht sie Tiefe, Vollmundigkeit und ein ganzes Mosaik von Geschmacksnoten. Der Süße ist es auch zu verdanken, dass bestimmte malzbetonte Stile wie etwa Dubbel und Bock sich so vielseitig bei Tisch einsetzen lassen. Letzteres erklärt sich aus der Vielfalt von Geschmacksnoten, die sich aus den fast unendlichen Möglichkeiten ergeben, Malze in einem Bier zu kombinieren – angefangen mit dem betont süßen Kern eines mit hellem Malz gebrauten Hellen oder Pilsners bis hin zu den komplexen Noten von dunklen Früchten, Gewürzen, Kokosnuss oder sogar Leder eines mit fünf oder sechs Malzen gebrauten Barley Wine. Solche Geschmacksnuancen ermöglichen eine große Zahl von Kombinationen mit Speisen, manchmal ist mit Blick auf die Süße des Bieres aber auch Vorsicht angebracht, wie zum Beispiel bei Desserts. Außer wenn es deutlich komplementäre Noten gibt, auf denen man aufbauen kann, wie etwa bei einem nussigen Pale Ale zu einem nussigen Dessert oder Schokolade, sollte die Süße des Bieres der Süße des Desserts ungefähr entsprechen oder sie übersteigen. Der Grund ist die Interaktion von Geschmacksnoten und die Art, wie der Gaumen Zucker wahrnimmt.

WENN MAN ETWAS SAURES ODER BITTERES ISST ODER TRINKT, UND ES MIT ETWAS SÜSSEM KOMBINIERT, WIRKT DIE SÜSSE STÄRKER ALS SONST. WENN UMGEKEHRT ETWAS SAURES ODER BITTERES AUF ETWAS SÜSSES FOLGT, WIRKT ES NOCH SAURER ODER BITTERER. DAS IST DIE RELATIVITÄT DES GESCHMACKS.

Will man also etwa ein gewöhnliches helles, nicht zu süßes und nicht zu hopfiges Ale zu einem Stück süßen Kuchen genießen, so wird das Bier relativ bitter schmecken, wenn nicht etwas fade, wohingegen der Kuchen übertrieben süß wirken wird. Greift man hier hingegen zu Scotch Ale, einem starken und süßen Gewürzbier im belgischen Stil, oder einem Doppelbock, so werden sich die Süße des Bieres und des Kuchens die Waage halten und nicht als Kontraste fungieren.

Dies sollte übrigens auch berücksichtigt werden, wenn man Biere mit deftigen Gerichten kombiniert, bei denen es während des Bratens zu einer »Maillard-Reaktion« gekommen ist – einer nicht mit dem Karamellisieren gleichzusetzenden Bräunungsreaktion, bei der die Aminverbindungen von Lebensmitteln durch starke Hitzeeinwirkung umgewandelt werden, was in manchen Fällen zu einer verstärkten Süße führen kann. Kommt es also beim Garen zu einer Bräunung, sollte man ein entsprechend süßes Bier wählen.

GEGENÜBER OBEN: *Schokoladenkuchen mit Vanilleeis* steht auf der Speisekarte der britischen Fuller's-Pubs.
GEGENÜBER UNTEN: Mit Sirup übergossener *Toffee-Kuchen* ist ein idealer Partner für Scotch Ale oder süßes Gewürzbier.
OBEN: Weiße Schokolade und Eiscreme – eine feine Kombination, hervorragend ergänzt durch ein starkes und süßes goldgelbes Ale.

SRIRAM AYLUR

BIERLIEBHABER MIT MICHELIN-STERN

QUILON RESTAURANT, LONDON, ENGLAND

WENN ES UM BIER UND INDISCHE KÜCHE GEHT, KOMMEN DEN MEISTEN ERST MAL SCHARFES CURRY UND EISGEKÜHLTES LAGER IN DEN SINN. WER SO DENKT, HAT NOCH NICHT IN SRIRAMS GASTRONOMIETEMPEL QUILON GESPEIST.

Nachdem Sriram sich im letzten Jahrzehnt des 20. Jahrhunderts als einer der besten Küchenchefs Indiens etabliert hatte, kam er 1999 nach London und eröffnete das Restaurant Quilon.

Seine Herangehensweise an die indische Küche war völlig anders, als damals in der englischen Hauptstadt gang und gäbe. Statt scharfer *Vindalhos* und anderer in Londons Curry-Lokalen beliebter Gerichte bot er die leichtere, feinere und komplexere Küche der indischen Südwestküste an, was ihm schon nach kurzer Zeit viel Lob und später einen Michelin-Stern einbrachte.

Sriram brachte auch seine Vorliebe für Bier in sein Konzept mit ein. »Bier ist eins meiner Lieblingsgetränke«, sagt er. »Es war klar, dass mein Restaurant eine Auswahl an Bier anbieten würde. Wir begannen damit vor zehn, elf Jahren. Danach erschien es mir logisch, Bier in Kombination mit Speisen anzubieten.«

Die von Sriram gemeinte »Kombination« sind zwei Menüs, eines mit fünf, das andere mit acht Gängen. Bei beiden wird zu jedem Gang das passende Bier serviert – in indischen Restaurants nicht gerade üblich und in einem Sternerestaurant noch viel weniger. »Wir wollen den Gästen zeigen, dass Bier seine eigenen Stile hat, seinen eigenen Charakter, und dass man es ebenso gut auf Speisen abstimmen kann wie Wein«, sagt er und fügt mit erfrischender Offenheit hinzu, »das Einzige, was die Leute nach einem Besuch mitnehmen, ist das Erlebnis und die Rechnung, daher liegt es an uns, das Erlebnis interessant und nachhaltig zu gestalten. Dabei helfen uns passende Biere.«

Im Quilon serviert man auch Wein zum Essen, doch Sriram hält es für angebracht, Bier als Alternative anzubieten. Es geht dabei aber nicht um die Indisch-essen-also-Bier-oder-Curry-und-IPA-Logik, die man erwarten könnte:

»England ist ein Bierland«, erklärt er. »Frankreich ist ein Weinland, daher ist es nur logisch, dass man dort zum Essen Wein trinkt. Genau so logisch ist es, wenn man in England Bier dazu trinkt.«

Auf die Frage, wie er bei der Auswahl passender Biere vorgeht, antwortet Sriram als praktisch denkender Küchenchef – dem es vor allem um den Geschmack geht. »Bei unseren Kombinationen haben wir mehrere Dinge im Blick«, erklärt er. »Eins davon ist natürlich die Balance. Das Bier darf das Gericht nicht erdrücken, wir bemühen uns außerdem darum, dass sich die Geschmacksnoten ergänzen. Und letztlich bestimmen die Gerichte die Biere.«

Genauer gesagt meint Sriram damit, dass sich leichtere und blumige Biere wie Lager, Weizenbiere und leicht hopfige Ales mit der eher dezenten Küche des Quilon am besten vertragen. »Aber natürlich sind wir der Meinung, dass zu Tanduri-Gerichten sehr gut IPAs passen«, fügt er hinzu.

Im Quilon ist bei jeder Empfehlung die oberste Regel, dass man »trinkt, was einem schmeckt«, und so möchte Sriram keinerlei Urteil über populäre Kombinationen abgeben, wie beispielsweise eisgekühltes Lager als Begleiter eines scharfen Currys. Zur Vorsicht rät er allerdings bei der Bierauswahl für Gerichte im Stil seiner leichten Küche. »Die Leichtigkeit einer Speise macht das Kombinieren zu einer interessanten Sache«, sagt er. »Bei feinen Geschmacksnoten muss man gut aufpassen, denn mit einem zu starken oder kräftigen Bier kann man leicht alles verderben«.

GEGENÜBER: Bierliebhaber und Sternekoch Sriram Aylur bietet in seinem Londoner Restaurant Quilon Biere als ideale Ergänzung seiner feinen indischen Küche an.

⇥ GUT ⇤
KOMBINIERT

GUT KOMBINIERT

MIT BIER KOCHEN

WENN MAN BIER MAG UND GERNE KOCHT, KENNT MAN SICHERLICH DAS EIN ODER ANDERE REZEPT, IN DEM BIER ZUM EINSATZ KOMMT. UND WARUM AUCH NICHT. MANCHE GERICHTE ERFORDERN DIE ZUGABE VON FLÜSSIGKEIT, UND HIER BIETET SICH BIER ALS EINE SCHNELLE, EINFACHE UND HOCHAROMATISCHE ZUTAT AN.

Ich liebe es, mit Bier zu kochen. Ein köchelnder Eintopf braucht etwas mehr Fond? Da steht ein Glas dunkles Ale in der Nähe, also bekommt das Gericht statt Fond etwas davon ab. Ein höllenscharfes Chili steht seit Stunden auf dem Herd und sieht aus, als wäre es am Vertrocknen? Da kommt ein Schuss Wiener Lager genau recht. Und zwei Spritzer Stout zum Ablöschen eines Pfannengerichts sind in Sachen Aroma auch nicht zu verachten.

DAS DUNKLE ALE WIRD DEM EINTOPF ETWAS KARAMELLGESCHMACK GEBEN, DER MALZIGE CHARAKTER DES LAGERBIERES WIRD MIT SEINER LEICHTEN SÜSSE DIE SCHÄRFE DES CHILIS AUSBALANCIEREN. UND SO ÜBERRASCHEND ES SEIN MAG, DER IM STOUT VORHANDENE REST-ZUCKER WIRD SELBST DIE FLEISCHSTÜCKE IN DER SCHMORPFANNE MIT EINER LEICHTEN KARAMELL-NUANCE VEREDELN.

Diese fast mühelos erzielten Effekte überzeugen, stellen aber nur die Spitze des Eisbergs kulinarischer Möglichkeiten beim Kochen mit Bier dar. Da Bier zahllose Geschmacks- und Aromanoten bietet (von säuerlich über süßlich, zitrusartig bis hin zu vanillebetont, würzig oder deutlich bitter), überrascht es nicht, DASS Bier in der Küche verwendet wird, sondern dass es nicht ÖFTER geschieht. Es gibt Hunderte von Möglichkeiten, mit Bier zu kochen, und fast ebenso viele Fehler dabei zu vermeiden. Aus unerfindlichen Gründen vermitteln allerdings viele bierorientierte Kochbücher (selbst solche mit hervorragenden Rezepten), nicht die Grundregeln, die beim Kochen mit Bier beachtet werden müssen. Sie ignorieren, dass jemand, der sich für die Bierküche interessiert, höchstwahrscheinlich beim Kochen auch selbst mit Bier experimentieren möchte. Aufgabe dieses Kapitels ist es daher, allen Interessierten dabei zu helfen, zu den richtigen Biersorten zu greifen, um sie in bestimmten Rezepten zu verwenden. So stehen die Chancen besser, dass erstklassige Ergebnisse erzielt werden – dass ein in Bier pochierter Fisch nicht schmeckt, als habe er das Ende seiner Tage in einem Biersee erlebt, und dass ein Schokoladen-Bier-Kuchen sich geschmacklich nicht irgendwo zwischen bitterem Kaffeesatz und Holzkohle bewegt.

OBEN: *Schweinefleischpastetchen* und ein Glas Best Bitter? Warum nicht?

GEGENÜBER: Einige Spritzer Witbier können einen *Gurkensalat* zum erfrischenden Begleiter eines *gegrillten Sandwiches* machen.

MARINIEREN & EINLEGEN

MARINIEREN

Eine der einfachsten Methoden, um Bier als Zutat zu verwenden, ist Marinieren. Wie Harold McGee in seinem Standardwerk *On Food and Cooking* bemerkt, dienten Marinaden in erster Linie dazu, Fleisch länger frisch zu halten, und nur sekundär dem Geschmack, der heute im Vordergrund steht. Hinzu kommt noch, dass das Fleisch durch das Marinieren besonders saftig wird.

KLASSISCHE MARINADEN BEINHALTEN SÄUREN, DIE DAS MUSKELGEWEBE AUFBRECHEN UND SO DIE FÄHIGKEIT DES FLEISCHES STEIGERN, SEINE FEUCHTIGKEIT ZU BEWAHREN. AUS DIESEM GRUND EMPFIEHLT ES SICH, EINER BIERMARINADE EINEN SCHUSS ESSIG BEIZUMENGEN.

Zu beachten ist, dass Meeresfrüchte regelrecht zerfallen können, wenn sie in einem stark hopfigen Bier mariniert oder pochiert werden.

Mit stark gehopften Bieren muss man bei Marinaden auch aus einem weiteren Grund vorsichtig sein. Soll mariniertes Fleisch, wie es so oft der Fall ist, lang und langsam gegart werden, kann es durch die Intensität des selbst mit kleinen Biermengen aufgenommenen Hopfengeschmacks unerwartet bitter werden. Ale oder Lager passen für die Marinade, wenn die Intensität des Bieres der des Fleisches entsprechen soll. So sollte man für eine Garnelenmarinade ein leichtes und nicht hopfenbetontes Bier wählen: belgisches Weizenbier, ein helles Lager oder ein goldgelbes, fruchtiges Ale. Umgekehrt empfiehlt sich zum Marinieren von Rindfleisch ein körperreiches und vollmundiges Bier wie Porter, braunes Ale oder süßer Stout. Bei Fleisch, das nur kurz gebraten wird, wie etwa *Rib-Eye-Steak*, kann man mit einem mäßig bitteren oder würzigen Ale versuchen, dem Gericht eine interessante Note zu verleihen.

GEGENÜBER: Je länger man Rindfleisch in Bier mariniert, desto intensiver wird die im Fleisch erzielte Malznote.

Weiter geht es mit Fragen der Intensitäts-Balance: Zu Hähnchen oder Pute passen Weizenbiere sowie leichte goldgelbe Ales und Milds. Schweinefleisch verträgt etwas leicht Robusteres, wie etwa Bock oder Altbier. Zu Wildgerichten passt normalerweise eine Vielzahl intensiver Bierstile wie Gueuze (in Gueuze mariniertes und geschmortes Kaninchen ist ein flämischer Klassiker, bei Reh oder Hirsch funktioniert auch Pale Ale sehr gut).

Man sollte außerdem bedenken, dass sich Fleisch wie Lamm oder Ente, zu dem bekanntlich Früchte passen, in einer auf Früchten basierenden Marinade wohlfühlt.

EINLEGEN

Das Einlegen in Salzlake erlebt zurzeit allmählich eine Renaissance, besonders was Pute betrifft, aber viele scheinen nicht wirklich zu wissen, welcher Vorgang sich hinter dieser Zubereitungsart verbirgt. Grob gesagt ist es so, dass eine Salzlake dem Fleisch einen Teil seiner Flüssigkeit entzieht und ihn durch eine andere Flüssigkeit im Übermaß ersetzt, sodass das Fleisch nach dem Einlegen saftiger ist, als es ursprünglich war. Da ihm beim Kochen stets Flüssigkeit entzogen wird, bedeutet mehr anfängliche Feuchtigkeit ein saftigeres und schmackhafteres Endergebnis.

Für die Salzlake nimmt man einfach Zucker, Salz und Wasser – oder man geht einen Schritt weiter und verwendet etwas Schmackhaftes wie Bier. Wichtig ist (genau wie beim Marinieren), auf betont bittere Biere zu verzichten, und eines zu wählen, das vom Geschmack her dem Fleisch entspricht, wie etwa ein Hefeweizen mit Nelkennoten für Schinken.

GUT KOMBINIERT

SAUCEN & EINTÖPFE

EINTOPFGERICHTE

Eintopfgerichte weisen generell einen großen Anteil an Flüssigkeit auf. Vielfach nutzen die Rezepte Rindfleisch-, Gemüse- oder einen anderen Fond (oder einfach Wasser) und das reicht für ein schmackhaftes Gericht sicher völlig aus. Wenn sich aber schon Wasser gut für einen Lammeintopf eignet, um wie viel besser muss ein Gericht schmecken, wenn man das Wasser zur Hälfte durch ein belgisches Dubbel ersetzt? Oder bei einem Ragout mit Gemüse und Tomaten statt Gemüsefond eine Mischung aus Fond und Wiener Lager wählt? Oder einen Rindfleisch-Eintopf mit … nein, der wird ja generell gerne mit Bier zubereitet (wie in dem herrlichen Rezept von Alain Fayt auf Seite 178).

Die verwendeten Biere müssen nicht durchgehend malzig sein, aber die Hopfenöle werden deutlich intensiver, sobald der Siedepunkt erreicht ist. Für einen langsam simmernden Eintopf eignet sich also ein Pale Ale oder IPA, sofern der Geschmack passt, will meinen, wenn das Gericht pikant gewürzt ist oder harzige Kräuternoten aufweist, die mit dem Geschmack des Hopfens harmonieren. Eine ähnliche hopfig würzige Beziehung wird sich ergeben, wenn eine Sauce für ein Curry oder ein pikantes Pasta-Gericht zubereitet wird, wobei das Curry oft von einem Pale Ale oder IPA aus amerikanischem Zitrus-Hopfen profitieren wird. Da diese Hopfennoten den Geschmack der Saucen verbessern können, fügt man das Bier am besten gegen Ende des Garvorgangs hinzu, sodass der Hopfengeschmack frisch ist und sich die Bittere gar nicht erst groß entwickeln kann.

Werden für Saucen malzigere Biere verwendet, kann es nützlich sein, sie zuerst einzukochen, wodurch ein Teil des Wassers eliminiert und die süßen Noten intensiviert werden. Man muss dann aber immer wieder kosten, da zu stark eingekochtes Bier einen geradezu beißenden Geschmack entwickeln kann.

Bei malzigen Bieren für Eintöpfe muss man dafür sorgen, dass das gewählte Bier einen ähnlich schweren Charakter hat wie das Gericht. So könnte zum Beispiel ein mit Scotch Ale zubereiteter Lammeintopf ausgesprochen köstlich schmecken, es ist aber unwahrscheinlich, dass dies bei einem so intensiven Bier mit Meeresfrüchten ebenfalls gelingen würde.

DIPS & SAUCEN

Da Bier großteils aus Wasser besteht, ist so mancher Koch versucht, es als Flüssigkeit auch zum kurzen Dünsten zu verwenden. Die Geschmackselemente machen bei Bier nur einen winzigen Prozentsatz der Flüssigkeit aus, sodass das Gargut dadurch kaum oder gar nicht an Geschmack gewinnt. Hingegen kann man bei kurz gedünstetem Gemüse oder gedämpften Teigtaschen den Biergeschmack in Form einer Sauce oder eines Dips einbringen. Hierfür eignet sich malziges und würziges Bier, das man zur Geschmacksintensivierung in einer Pfanne etwas einkochen lässt und entsprechend würzt, vielleicht mit Honig oder Senf, um es als Sauce zu servieren. Man kann auf diese Weise nicht nur Gemüse, sondern jedem passenden Gericht eine Biernote hinzufügen.

Ähnlich verhält es sich bei gedünsteten Meeresfrüchten. In Bier gedünstete Miesmuscheln (in geringerem Maß auch Venusmuscheln) werden heute in der ganzen Welt serviert. Aus gutem Grund, denn sie sind relativ billig, leicht zuzubereiten und können absolut köstlich schmecken. Der Clou an der Sache ist aber nicht, dass das Bier beim Kochen den Geschmack der Muscheln steigert, sondern zum Bestandteil einer herrlichen Sauce wird, die man genüsslich aus der Muschelschale oder einem Löffel schlürfen bzw. mit frischem Brot auftunken kann.

EINTOPFGERICHTE UND SAUCEN SIND DIE IDEALE GELEGENHEIT, UM MIT BIER ZU KOCHEN – UNTER ENTSPRECHENDEN BEDINGUNGEN SOGAR FÜR DIE VERWENDUNG HOPFIGER BIERE GEEIGNET.

GEGENÜBER: Bei Eintöpfen erzielt man herrliche Geschmacksnoten, wenn man die Kochflüssigkeit zur Hälfte durch Bier ersetzt.

BIER ALS KOCHZUTAT & WÜRZMITTEL

KOCHZUTAT

Man nehme ein Kochbuch, schlage ein beliebiges Rezept der Hauptgerichte auf und studiere die Zubereitungsart. Ob es Grillen oder Sautieren, Dünsten oder Schmoren ist – es gibt sicherlich immer die Option, Bier als Zutat zu verwenden – und das führt in der Regel zu einem positiven Ergebnis.

Beginnen wir beim Grillen, denn schließlich ist der am Barbecue stehende Grillmeister (in der einen Hand eine Fleischzange, in der anderen ein Bier) der Prototyp eines Bierkochs schlechthin – der Inbegriff von Bierkulinarik, wie man sie sich zünftiger nicht vorstellen kann. Aber erwähnen wir auch das, was dabei Probleme bereiten kann.

EINER DER IRRTÜMER BEIM GRILLEN IST ES ZU GLAUBEN, DAS FLEISCH SCHMECKE BESSER, WENN MAN ES WÄHREND DES GRILLENS MIT EINEM SCHUSS BIER ABDUSCHT – MITNICHTEN.

Da der Alkoholgehalt des Bieres nicht hoch genug ist, um auf dem Grill eine Flamme zu erzeugen (wie es der Fall wäre, wenn man das Fleisch mit Whiskey übergießen würde), kann der im Bier enthaltene Zucker unmöglich karamellisieren. Anders gesagt, das Bier wird vergeudet. Statt dem Fleisch mehr Geschmack zu verleihen, tropft es auf das Kohlen-, Holz- oder Gasfeuer und setzt die Grilltemperatur herab, was sich negativ auf den Garvorgang auswirkt. Viel besser ist es, das Grillgut vorab zu marinieren (wie im vorangegangenen Kapitel beschrieben).

Handelt es sich um Burger, dann kann man auch zu einem besonderen Trick aus dem Beerbistro greifen, einem Bier-Restaurant in Toronto, in dem ich in den ersten Jahren um die Jahrtausendwende mithalf. Die Idee stammt von Brian Morin, dem Küchenleiter und Mitbegründer des Bistros, dem ich neben Sean Paxton und Lucy Saunders den Großteil meines Wissens über Biercuisine verdanke. Statt zu versuchen, das Bier erst beim Grillen einzusetzen, mengt Brian der Fleischmischung vorab eine Handvoll Brotkrümel und etwas Malzbier bei. Da die Krümel das Bier aufsaugen, bleibt der Zucker des Bieres in ihnen zurück. Beim Grillen karamellisiert er, sodass auf dem Fleisch eine schmackhafte Kruste entsteht. Diese Malzbiermethode kann man bei jeder Art von Burger anwenden, aus Rindfleisch, Pute oder Meeresfrüchten. Mit hopfigen Bieren würden die Patties allerdings bitter schmecken.

GEGENÜBER: Vor dem Garen in Salzlake eingelegt wird das Hähnchenfleisch saftiger und schmackhafter.

OBEN LINKS: Zum Anprosten eignet sich in Henkelkrügen serviertes Bier besonders gut.

OBEN RECHTS: Mit Bier getränkte Brotkrumen in der Fleischmischung von Grill-Burgern sorgen für leckere Karamellnoten und Krusten.

WÜRZMITTEL

Die Liste der Würzmittel, die man mit Bier herstellen kann, ist schier endlos, ich jedenfalls setze dem Einfallsreichtum da keine Grenzen. Wichtig ist natürlich, die Biere so zu wählen, dass sie den speziellen Geschmack der jeweiligen Vinaigrette, Konfitüre, Senf- oder Würzsauce verstärken, anstatt sie bloß farbintensiver oder flüssiger zu machen.

Von allen Würzmitteln lassen sich wohl Salatsaucen am leichtesten mit Bier aufpeppen, besonders dann, wenn ein Lambic oder mischvergorenes Bier zum Einsatz kommt. Da diese Biere von Natur aus säuerlich sind, können sie den Essig ersetzen, den man sonst verwenden würde. So etwa könnte Himbeerbier an die Stelle von Himbeeressig treten oder ein flämisches Rotbier an die Stelle von Balsamico.

Senf ist in der Welt des Craft-Bieres eines der wichtigsten Werbegeschenke und konkurriert so gesehen nur mit Biereseife, die die Nummer eins unter den nichttextilen Nebenprodukten der Brauereien ist. Man kann sich Senf aber auch selbst aus Senfkörnern, Senfpulver und Gewürzen herstellen, und zwar mithilfe von Bier – Stout passt großartig, und Senf ist ein Würzmittel, das den Geschmack hopfiger Biere sehr gut annimmt.

Man kann aber auch handelsüblichen Senf mit Bier und anderen Zutaten vermengen, um einen zum Dip tendierenden Senf zu erhalten.

Geeignet für den Zusatz von Bier sind auch Konfitüren und Würzsaucen, hier tut man aber meist gut daran, hopfige Biere zu meiden. Fruchtbiere vertragen sich dagegen bestens mit fruchtigen Konfitüren, und mit Bieren mit kräftigem Fruchtgeschmack erzielt man hier die besten Ergebnisse.

Ich mache mir auch gern eine karamellisierte Zwiebelsauce mit dem malzigsten Bier, das ich im Haus habe, gewöhnlich noch verstärkt mit etwas Lambic, zur Not auch mit einem Schuss Essig.

GEGENÜBER OBEN: Ein Spritzer Gewürzbier oder Pale Ale bringt Leben in jede *Sauce Hollandaise*.

GEGENÜBER UNTEN: Senfkörner oder -pulver mit Porter oder Stout vermischt ergeben einen köstlichen Bieresenf, der gut zu *Schweinefleischpastete* passt.

HOPFEN & MALZ ALS KOCHZUTATEN

HIER BEGINNT BIER-CUISINE FÜR FORTGESCHRITTENE MIT EINEM EINKAUFSBUMMEL – UND ZWAR NICHT IM LEBENSMITTELLADEN, SONDERN IM HOBBYBRAUSHOP ODER IN DER LOKALEN BRAUEREI. WAS NÄMLICH HOPFEN UND MALZ BEIM BIERBRAUEN BEWIRKEN, SCHAFFEN SIE AUCH BEIM KOCHEN. NICHT UMSONST BEZEICHNET MAN BIER AUCH ALS »FLÜSSIGES BROT«, DAHER SOLLTE ES NICHT VERWUNDERN, DASS EINE DER WICHTIGSTEN VERWENDUNGEN VON BIERTREBER DER EINSATZ BEIM BROTBACKEN IST. BEIM BIERTREBER HANDELT ES SICH UM MALZ, DAS BEREITS BEIM MAISCHEN ZUM BIERBRAUEN VERWENDET WURDE, SODASS ES IN DER BRAUEREI QUASI ALS NEBENPRODUKT ANFÄLLT. WENN DIE ÖRTLICHE BRAUEREI BEREIT IST, EIN, ZWEI TASSEN GEBRAUCHTES SÜSSES MALZ ABZUGEBEN ODER TREBER VOM LETZTEN HOBBY-BRAUGANG ÜBRIG IST, KANN DAS IN VERSCHIEDENER WEISE MIT MEHL VERMISCHT ZUM BACKEN VON BROT, BLECHKUCHEN ODER KEKSEN VERWENDET WERDEN. HOPFEN HINGEGEN VERWENDET MAN AM BESTEN NICHT ALS DIREKTE ZUTAT, SONDERN ALS AROMAMITTEL. UM ETWA EINEN HOPFIG DUFTENDEN BURGER ZU BEKOMMEN, LEGT MAN DAS HACKFLEISCH MIT EINER HANDVOLL HOPFENPELLETS IN EINEM VERSCHLOSSENEN GEFRIERBEUTEL FÜR 24 STUNDEN IN DEN KÜHLSCHRANK, ENTNIMMT DANN DEN HOPFEN WIEDER UND BEREITET SEINE BURGER WIE GEWOHNT ZU. DER GESCHMACK WIRD KAUM ANDERS SEIN, ER WIRD ABER JE NACH HOPFENART BLUMIGER ODER ZITRUSARTIGER WAHRGENOMMEN WERDEN, DA DIE AROMEN, DIE WIR MIT DER NASE AUFNEHMEN, UNVERMEIDLICH EINEN DEUTLICHEN EINFLUSS AUF DAS GESCHMACKSERLEBNIS HABEN.

SCHMOREN & FRITTIEREN

SCHMOREN

Schmoren ist eine Garmethode, die sich aus mehreren Gründen empfiehlt. Sie eignet sich am besten für billigere und fettreichere Fleischstücke, erfordert wenig Vorbereitungen und fast keine Überwachung, das Fleisch wird fast immer saftig und zart, und man kann hier auch gut mit Bier arbeiten. Die Vorteile des Schmorens mit Bier lernte ich schon vor vielen Jahren kennen, als Leslie Dillon vom Pyramid Alehouse in Seattle als Beitrag zu meinem *Brewpub Cookbook* ein Rezept für *In Porter geschmorte Lammhaxen* lieferte, das auf Seite 185 abgedruckt ist. Als ich es in der Küche ausprobiert hatte, war es um mich geschehen.

DAS SCHÖNE AM SCHMOREN MIT BIER IST, DASS MAN DABEI, JE NACH FLEISCH UND ZUTATEN, SO VIELE VERSCHIEDENE SORTEN EINSETZEN KANN, VON HOPFIGEN DUNKLEN ZU MALZIGEN HELLEN BIEREN UND SOGAR SÄUERLICHEN LAMBICS ODER MISCHVERGORENEN ALES.

Man verwendet dazu einfach das Bier, das man zur fertigen Speise trinken möchte, allein oder in Kombination mit Fond oder Wasser – alles andere erledigt sich von selbst. Die nach dem Schmoren verbleibende Flüssigkeit kann als Grundlage für eine kräftige Suppe dienen. Man lässt eine Handvoll Reis oder Gerstengraupen eine Stunde darin köcheln und hat so das Mittagessen für den nächsten Tag.

FRITTIEREN

David Ort erklärt in seinem *Canadian Craft Beer Cookbook*, er hoffe, »wir können uns darauf einigen, zwei Irrtümer in Bezug auf Frittieren über Bord zu werfen, nämlich dass es in der eigenen Küche ebenso schwierig wie gefährlich ist«.

Dem würde ich mich gern anschließen, bin aber nicht sicher, ob wir wirklich schon so weit sind. Tatsächlich ist das Frittieren einfach und ungefährlich, solange man die gängigen Ratschläge befolgt. einen Deckel griffbereit halten, das Auszubackende in kleineren Portionen frittieren und den Topf mit dem heißen Öl nicht aus den Augen lassen. Und da wir schon dabei sind, möchte ich noch hinzufügen: Das Ergebnis muss köstlich schmecken.

Und Frittieren hat nicht nur in Bezug auf die Sicherheit bei der Zubereitung ein Image-Problem. Es leidet unter seinem Status als Standardzubereitung oft wenig hochwertiger Snacks. In jedem Pub, in jeder Strandbar, in jeder anspruchslosen Imbissbude kann man sehen, was ich meine: öltriefende *Onionrings*, die eine Stunde zuvor noch Gefrierbrand hatten, labberige *Fish & Chips* mit doppelt so viel Ausbackteig wie Fisch und diverse mehr oder weniger ansehnliche Hähnchenteile, die paniert ins Öl getaucht werden, um Minuten später übergart und fettig wieder herausgefischt zu werden. Das reicht, um einem das Frittieren ziemlich zu verleiden.

Zum Glück geht es aber auch anders. Wenn man zu Hause selbst frittiert, dabei das Öl nicht ranzig werden lässt, auf ausreichende Hitze achtet und einen hochwertigen Backteig verwendet. Hier kann Bier hilfreich sein, da der Teig durch die Kohlensäure nicht nur leichter und luftiger wird, sondern auch feiner, weil das Bier die Klebeigenschaften des Mehls verstärkt.

Natürlich darf man auch beim Frittieren kein hopfenbetontes Bier verwenden, denn bitter schmeckenden Backteig will keiner essen. Zu dunkles Bier wiederum kann zu einem optisch unansehnlichen Ergebnis führen, selbst wenn der Geschmack hervorragend ist. Hingegen ist Ausbacken eine der wenigen Zubereitungsarten, bei denen man körperarme Lagerbiere verwenden kann, da sie nur leicht bitter, aber gewöhnlich stark kohlensäurehaltig sind. Man braucht also bloß das richtige Bier zu wählen, dann erhält man frittierte Leckerbissen, die herrlich knusprig und immens schmackhaft sind.

GEGENÜBER: Zu frittierten Fleischtaschen passt eine Dipsauce, die durch Bier vielleicht noch besser wird.

OBEN: Aus Resten von Schmorgerichten kann man einen schmackhaften Eintopf machen, vor allem wenn sie mit Bier zubereitet wurden.

BIER MIT DESSERTS & SCHOKOLADE

Bier und Desserts wirken auf den ersten Blick unvereinbar. Um zu erkennen, dass sie sich sehr gut vertragen, braucht man sich nur die vielen süßen, malzigen, karamelligen oder schokoladigen Biere anzusehen, die es heute gibt. Natürlich gilt es hier wie immer, das richtige zu wählen, und nicht auf stark hopfige Biere zu setzen.

AM FLEXIBELSTEN SIND SCHOKOLADENDESSERTS, DIE MIT EINER VIELZAHL VON GESCHMACKSNOTEN HARMONIEREN, VOM ZITRUSBETONTEN HOPFEN AMERIKANISCHER PALE ALES UND IPAS BIS ZU DEN SCHOKOLADENOTEN VON BROWN ALES, STOUTS UND PORTER.

Biere mit Karamellnoten wie Dubbel, Doppelbock sowie einige Brown und Amber Ales verleihen Eiscreme, Kuchen und Cremes einen intensiveren Geschmack, während herbschokoladige Kuchen, Brownies und Kekse vom Restzucker profitieren, der in stärkeren süßen und malzigen Bieren vorhanden ist. Zu guter Letzt sollte man bei der Planung eines bierkulinarischen Desserts auch nicht die Vorteile süßer Fruchtbiere übersehen. Von Bierfreunden meist als zu zuckerhaltig abgetan, können sie durch genau diese Qualitäten als ideale Zutaten für Zabaglione und aromatisierte Sahnehauben dienen bzw. zum Pochieren von Obstsorten wie Äpfeln oder Birnen.

BIER & SCHOKOLADE

Wer sich heute ernstlich für Bier interessiert, weiß für gewöhnlich, dass sein Lieblingsgetränk oft gut zu Schokolade passt. Man muss lediglich im Feinkostladen ein paar Schokoladentrüffeln oder auch etwas weniger Teures erstehen, um sich einen kulinarischen Hochgenuss zu ermöglichen. Vielleicht weniger bekannt sind generell die Komplimentärmerkmale, die diese Kombination so stimmig machen. Ich muss Peter Slosberg, dem Brauer des heute nicht mehr existierenden *Pete's Wicked Ale* danken, dass er mich auf diese Ähnlichkeitsaspekte hingewiesen hat. Ich wusste, dass sowohl für Bier als auch für Schokolade die Bitterkeit charakteristisch ist, bei Bier durch den Hopfen, bei Schokolade durch den Kakao. Was mir hingegen fehlte, waren genauere Kenntnisse über Geschichte und Herstellung der Schokolade. Mir war nicht bewusst, dass Schokolade ebenso wie Bier ihre Bittere durch Gärung erhält und schon viele Jahrtausende produziert wird. Zudem wies Pete darauf hin, dass für sowohl Bier als auch für Schokolade eine empfindliche Balance zwischen süß und bitter charakteristisch ist. Es sind also Sorten erforderlich, die in sich vollkommen oder fast vollkommen ausgewogen sind. Das heißt nicht, dass ein Bier nicht dominant süß oder bitter sein darf. Es bedeutet lediglich, dass das dominante Merkmal eines Bieres von anderen Aspekten ausreichend gestützt werden muss. Ein stark hopfiges IPA beispielsweise kann wunderbar ausgewogen sein, wenn sich seine Bittere auf malzige Süße stützen kann. In gleicher Weise braucht ein malzbetontes Bier eine belebende Hopfennote, damit es nicht aufdringlich zuckrig wirkt. Bei Schokolade verhält sich das nicht anders. Herbe, stark kakaohaltige Schokolade braucht einen Hauch Süße, um genießbar zu sein, so wie süße Schokolade auf die Bitterkeit des Kakaos angewiesen ist, um nicht zu einer langweiligen Zuckerbombe zu geraten.

Ausgewogene Biere und Schokoladen ermöglichen zahlreiche Kombinationen. Eine gute Trüffelpraline mit Zitronenfüllung beispielsweise lässt sich mit einem Double-IPA kombinieren, und das nicht nur aufgrund der Zitrusnote des Hopfens, sondern auch deswegen, weil die Süße der Schokolade von der Bittere des Kakaos getragen wird – ein Zweiklang, der vom Bier aufgegriffen wird, sodass eine regelrechte Geschmackssymphonie entsteht.

Hier kann man dann auf verschiedene Weise weitermachen: von herber Schokolade mit 80 % Kakao in Kombination mit Barley Wine im britischen Stil bis hin zum Schokoriegel, zu dem man ein Pale Ale genießt, immer vorausgesetzt, der Grad an Bitterkeit in Bier und Schokolade passt. Eine Ausnahme bildet weiße Schokolade, die keine Bitterkomponente aufweist, da sie keine Kakao-Feststoffe enthält.

GEGENÜBER: Wer Bier zu Schokolade genießen möchte, muss auf die Balance zwischen Süße und Bitterkeit achten.

DAS PASSENDE GLAS

Um das Kind gleich beim Namen zu nennen: Die Form des Bierglases bestimmt, wie man sein Bier schmeckt, riecht und erlebt. Das wurde wissenschaftlich und praktisch untersucht und bewiesen, sodass daran nicht der geringste Zweifel besteht. Allerdings muss man seine Geschmacksknospen schon ziemlich anstrengen, um zu bemerken, dass ein IPA aus einem einfachen konischen Glas völlig anders schmeckt als aus einer organisch geschwungenen »Biertulpe«. Oder dass ein Trappistenbier jeweils andere Aromen bietet, wenn es in einem Kelchglas serviert wird oder in einem Cognacglas. Bei einer Bierverkostung mögen die Unterschiede durchaus auffallen, aber in einer Bar, in einem Restaurant oder daheim in geselliger Runde werden solch feine Nuancen wohl kaum massiv hervortreten.

Widmen wir uns daher lieber dem ästhetischen Aspekt der Gläser. Was nämlich ebenfalls als bewiesen gilt, ist die Tatsache, dass die Optik unser Geschmackserlebnis qualitativ beeinflusst. Einfach gesagt: In einem schönen Kelchglas serviert wird ein Trappistenbier einen besseren Eindruck machen als in einem Plastikbecher und schon dadurch einen intensiveren Trinkgenuss ermöglichen. Nicht anders verhält es sich bei einem IPA, wenn es in einem elegant geschwungenen Pintglas und nicht in dickwandigen Shaker-Pints serviert wird, wie in amerikanischen Bars gang und gäbe. Oder bei einem Hefeweizen, das in einem Weißbierglas ganz anders perlt, als in einem Henkelkrug.

Sehr wichtig ist auch die Sauberkeit der Gläser. Ein Glas, an dem Fett- oder Spülmittelreste haften, vermindert die Fähigkeit des Bieres, sich im Glas aufzubauen und die Schaumkrone zu behalten, in extremen Fällen kann sogar ein Fehlgeschmack entstehen. Sofern möglich, sollte man daheim Gläser speziell für Bier haben, sie nicht in der Spülmaschine waschen und sie grundsätzlich nicht mit Spülmittel, sondern nur mit heißem Wasser und einer harten Bürste reinigen. Wer sich daran hält, wird merken, dass sein Bier aus solchen Gläsern besser schmeckt.

UND VOR ALLEM: GLÄSER GEHÖREN NICHT IN DEN GEFRIERSCHRANK. IN DEN KURIOSEN BARS ODER RESTAURANTS, DIE IHRE GLÄSER IM EISSCHRANK AUFBEWAHREN, SOLLTE MAN EIN GLAS MIT RAUMTEMPERATUR VERLANGEN, DA EXTREME KÄLTE DIE AROMEN VON BIER UNTERDRÜCKT UND DEN GESCHMACK VERÄNDERT. EIN EISKALTES BIERGLAS VERMINDERT DEN TRINKGENUSS UM MINDESTENS 10–20 PROZENT.

UNTEN: Zu voller Geltung kommt ein Bierstil nur im passenden Glas – allerdings schmeckt Bier aus jedem noch so klobigen oder unansehnlichen Gefäß immer noch besser als aus der Flasche.

DIE OPTIMALE TRINKTEMPERATUR

Die meisten Leute (sogar viele Bar- oder Restaurantbetreiber) lagern ihr gesamtes Biersortiment bei Standardkühlung, die für die optimale Trinktemperatur zu kalt ist (etwas zu kühl sogar für untergärige Sorten wie Pils, Hefeweizen oder Berliner Weiße). Ein Weinkühlschrank oder Weinkeller kann hilfreich sein, weil potente und komplexe Ales wie Barley Wine, Old Ales und Imperial Stouts hier näher an ihrer optimalen Temperatur gelagert werden können. Aber diese Möglichkeit haben Normalverbraucher selten. Für die allermeisten bedeutet dies, dass sie die Flasche oder Dose rechtzeitig aus dem Kühlschrank nehmen müssen, damit das Gebraute ausreichend Zeit hat, um auf Trinktemperatur zu kommen. Kühlschränke sind im Schnitt auf etwa 2,5 °C eingestellt. Da sich bei dieser Temperatur der Geschmack verändert, empfiehlt es sich sogar bei leichteren und frischeren Bieren wie Pils, Hellem, Kölsch, Hefeweizen und Wheat Ale, das nächste Bier 10–15 Minuten vor dem Einschenken aus dem Kühlschrank zu nehmen, damit seine Temperatur auf etwa 5 °C ansteigen kann. Dabei ist allerdings zu bedenken, dass es sich nachher im Glas weiter erwärmen wird (wer ein langsamer Genießer ist, benötigt also weniger Wartezeit.)

Britische Ales wie Best Bitter, herkömmliches IPA oder Pale Ale, Brown Ale, Porter, Stout und Mild serviert man am besten bei 11–13 °C, der sogenannten Kellertemperatur. Anders gesagt: Diese Biere benötigen eine halbe Stunde außerhalb des Kühlschranks, selbst wenn sie dadurch beim Einschenken noch etwas zu kühl sind. US-Versionen dieser Biere, also Pale Ale, IPA, hopfiges Brown Ale und Co. im amerikanischen Stil, können für gewöhnlich 1–3 °C kälter serviert werden, um ihrer Hopfigkeit entgegenzukommen. Gleiches gilt für Bock, Doppelbock, Weizenbock und alkoholarme belgische Stile wie Saison, Lambic und viele Gewürzbiere im belgischen Stil.

Starke und dunkle Ales, vom Dubbel über Scotch Ale bis hin zum Barley Wine, serviert man am besten am oberen Ende der Kellertemperatur oder wärmer (also zwischen 13–16 °C), damit sie ihre Geschmackspalette voll entfalten können. Sie müssen also mindestens eine Stunde vor dem Trinken aus dem Kühlschrank genommen werden.

Dabei sind die hier angegebenen Zeiten und Temperaturen lediglich Richtwerte. Natürlich wird sich Bier bei sommerlichen Außentemperaturen schneller erwärmen, Gleiches gilt aufgrund des dünnen Blechs für Dosen im Vergleich zu Flaschen. Entscheidend sind letztlich die persönlichen Vorlieben. Was den einen zu warm ist, wird anderen sicherlich zu kalt sein.

OBEN: Bei jeder Art von Bier leidet der Geschmack, wenn es bei eisigen Temperaturen gelagert oder zu kalt serviert wird.

GUT KOMBINIERT

BIERKÖCHE & IHRE REZEPTE

DIE INTERNATIONALISIERUNG DER BIERKULINARIK

PORTER GILT GEMEINHIN ALS DIE ERSTE INTERNATIONALE BIERSORTE ÜBERHAUPT. LANGE ZEIT WURDEN BIERE NÄMLICH NUR REGIONAL GEBRAUT UND KONSUMIERT. DEM PORTER FOLGTE DAS INDIA PALE ALE (EIN PERFEKT ZUR SCHARFEN INDISCHEN KÜCHE PASSENDES BIER) AUF SEINEM SIEGESZUG RUND UM DIE WELT. MIT DEN BEIDEN KOLONIALEN IMPORTSCHLAGERN – IPA UND CHILI – WURDE IN INDIEN DER GRUNDSTEIN FÜR DIE LÄNDERÜBERGREIFENDE KOMBINATION VON BIER UND ESSEN GELEGT.

Chilischoten, wesentlicher Bestandteil der indischen Currys, gelangten im 16. Jahrhundert über portugiesische Händler nach Indien – das aus England importierte India Pale Ale dagegen erst Jahrhunderte später. Dass beides so gut zueinander passte, war purer Zufall, doch genau das bescherte uns die erste gelungene länderübergreifende Kombination von Essen und Bier.

DIE PERFEKTE HARMONIE ZWISCHEN IPA UND CURRYS ZEIGT, DASS BEI GERICHTEN AUS LÄNDERN OHNE LANGE BRAUTRADITION DIE WAHL DES PASSENDEN BIERES NICHT AUTOMATISCH AUF NATIONALE SORTEN FALLEN SOLLTE. VIELMEHR EMPFIEHLT SICH HIER DER BLICK ÜBER DIE LANDESGRENZEN HINAUS.

Das wird jeder bestätigen können, der schon einmal eisgekühltes indisches *Kingfisher* zu einem scharfen Curry getrunken hat. Man könnte meinen, das kühle Bier sei der ideale Kontrapunkt zu dem feurigen Gericht. In Wirklichkeit wird aber nur die Mundschleimhaut betäubt und zwar durch die Kälte des Getränks, wofür sich eiskaltes Wasser genauso gut eignen würde. In Wirklichkeit harmoniert der wenig prägnante Geschmack dieses Bieres in keiner Weise mit der Würzigkeit des Gerichts. Ein IPA rundet den Geschmack dagegen perfekt ab.

Indisches Bier und indische Küche passen nicht wirklich zusammen, weil sich beide unabhängig voneinander entwickelt haben. Gleiches gilt auch für die mexikanische Küche und *Corona*. Jedes Pils oder amerikanisches Pale Ale passt deutlich besser zu *Tacos, Burritos* & Co, und jedes hopfenbetonte Brown Ale oder traditionelle Pale Ale besser zu *Mole*-Saucen. Auch zum portugiesischen *Churrasco-*

LINKS: Austern mit Porter, ursprünglich eine bei britischen Hafenarbeitern beliebte Pub-Bestellung, gilt heute als köstliche Delikatesse.

OBEN: Zu einem scharfen asiatischen Pfannengericht mit Huhn und Gemüse passen Pils oder Pale Ale.

Hähnchen passt ein Dunkles besser als *Sagres*, zu *Açorda*-Brotsuppe besser ein Helles, zu Stockfisch am besten Schwarzbier oder Hefeweizen. Zur *Phat Thai* sollte man lieber Pale Ale als *Chang* trinken, zur *Zwiebelsuppe* eher Best Bitter als *Kronenbourg 1664* und zu hauchdünn aufgeschnittenem *Jamón ibérico* lieber Dry Bock als *Cruzcampo*.

Es wäre zwar praktisch, wenn man zu Gerichten aus Ländern ohne Brautradition ein paar zur Nationalküche passende Biersorten empfehlen könnte – aber ganz so einfach ist es denn doch nicht. Der einzig verlässliche Weg zu geschmacklicher Harmonie und entsprechenden Gaumenfreuden besteht darin, von den großen Biernationen zu lernen, sich an Empfehlungen zu halten und seine eigenen Erfahrungen zu sammeln.

Bierkulinarik stellt einen vor diverse Herausforderungen, ermöglicht aber glücklicherweise jede Menge aufregende Geschmackserlebnisse.

JOSH OAKES
BIERABENTEURER
IMMER AUF ACHSE

VIELE BEHAUPTEN SCHERZHAFT, FÜR EIN GUTES BIER WÄRE IHNEN KEIN WEG ZU WEIT, DOCH NUR WENIGE KANN MAN DIESBEZÜGLICH BEIM WORT NEHMEN. JOSH OAKES (EINER DER GROSSEN BIERTESTER DER WEBSEITE *RATEBEER.COM*) LEBT WIRKLICH NACH DIESER DEVISE. IN DEN LETZTEN JAHREN REISTE ER AUF DER SUCHE NACH NEUEN GESCHMACKSERLEBNISSEN, GUTEM ESSEN UND GUTEM BIER DURCH DIE GANZE WELT.

Ich lernte Josh in unserer gemeinsamen Heimatstadt Toronto kennen. Er war damals schon ein großer Bierliebhaber. Dann zog er nach Vancouver und schien damit gewissermaßen sein zukünftiges Nomadenleben einzuläuten. Einige Jahre später wurde er dann endgültig zum Globetrotter. Als solcher hat Josh reichlich Gelegenheit, die unterschiedlichsten Biere zu den unterschiedlichsten Speisen zu probieren, zum Teil auch zu den raffiniertesten Gerichten, von denen viele von uns noch nie gehört haben.

»IN LÄNDERN, IN DENEN DIE MENSCHEN ENTWEDER GROSSINDUSTRIELL HERGESTELLTES BIER TRINKEN ODER GERADE ERST BEKANNTSCHAFT MIT CRAFT-BIER NACH DEUTSCHER ODER AMERIKANISCHER TRADITION MACHEN«, ERKLÄRT JOSH, »WIRD BIER NUR ZU EINFACHEN GERICHTEN GETRUNKEN. IN TYPISCHEN BIERNATIONEN WIRD BIER HINGEGEN ALS TISCHGETRÄNK ZU DINGEN SERVIERT, DIE SPASS MACHEN.«

Unter »Dingen, die Spaß machen« versteht Josh etwa die typisch polnischen Heringsgerichte, zu denen Pils getrunken wird, südafrikanische *Piri-Piri*-Hühnerleber, die mit hopfenbetontem Pale Ale kombiniert wird, oder sibirischen Räucherlachs (laut Josh der beste der Welt), zu dem man »industrielle, aber nichtsdestotrotz charaktervolle« Lagerbiere trinkt.

Und gerade das stimmt Josh optimistisch. Er gibt zwar zu, dass die allgegenwärtigen Mainstream-Lagerbiere für die meisten Biertrinker nach wie vor die erste Wahl sind, sieht aber dennoch großes Entwicklungspotenzial für Craft-Biere, zumal gutes Bier als Begleiter zu gutem Essen immer beliebter wird. »Wir stehen erst am Anfang«, sagt er. »Eine der besten Kombinationen habe ich vor Kurzem in der Bar Volo in Toronto (Kanada) kennengelernt: *Trois Mousquetaires Hors Série Gose* zu Anchovis. Vor ein paar Jahren wäre das noch undenkbar gewesen, weil damals niemand im südlichen Ontario Gose braute. Wenn sich hier in so kurzer Zeit so viel tut, kann man sich vorstellen, was die nahe Zukunft weltweit noch so alles bringen könnte.«

In seinen Erinnerungen schwelgend sagt Josh: »Manche Kombinationen werde ich nie vergessen – unter anderem ein Porter zu *Molé Negro* oder ein fruchtiges belgisches Helles zu *Poisson Cru*. Ich freue mich auf die Zukunft.«

Echte Gaumenfreuden sind für Josh aber nicht nur eine Frage des Gerichts und der Auswahl des richtigen Bieres. Auch die »Stimmung des Augenblicks« muss passen.

»Das Schlimmste ist Schubladendenken. Restaurants haben oft endlos lange Weinkarten, dafür aber nur eine mickrige Auswahl an Bieren. Auf der anderen Seite stehen in guten Bierkneipen oft nur *Burger*, *Pizza* und *Nachos* auf der Speisekarte. Das kann man doch wirklich besser machen. Und ich glaube, das wird sich ändern.«

GEGENÜBER OBEN: Josh Oakes ist Weltenbummler und Craft-Beer-Scout: immer auf Achse und stets auf der Suche nach Neuem.
GEGENÜBER UNTEN: Ob britische oder südafrikanische Pale Ales, deutsche Lagerbiere oder kanadische Gose-Sorten – Josh Oakes ist auf seinen kulinarischen Entdeckungsreisen immer wieder fasziniert von der geschmacklichen Vielfalt.

JOON OU
SAISONEXPERTE

BAIRD BREWING COMPANY, GROSSRAUM TOKYO, JAPAN

»JAPANS KÜCHE LEBT VON SAISONALEN ZUTATEN«, ERKLÄRT JOON OU, IN OREGON AUFGEWACHSENER SOHN KOREANISCHER ELTERN UND HEUTE VERANTWORTLICHER BRAUMEISTER DER BAIRD BREWING COMPANY. »OB FRISCHES GEMÜSE, FISCH ODER SAISONGERICHTE – LEBENSMITTELLÄDEN UND RESTAURANTS RICHTEN SICH NACH DEN JAHRESZEITEN, UND BRAUER SOLLTEN DAS AUCH TUN.«

Mit dem Begriff »saisonal« umreißt Joon kurz und bündig die Philosophie der vier Gaststätten, die Baird Brewing in Japan betreibt, in denen neben etwa zwölf herkömmlichen Biersorten auch viele saisonale Biere ausgeschenkt werden. Die größte Herausforderung ist die Zusammenstellung einer zu den vielen Bieren passenden Speisekarte.

»VOR 20 JAHREN GAB ES IN JAPAN NUR LAGERBIERE, IN DER REGEL QUALITATIV HOCHWERTIG UND GUT ZU SUSHI UND LEICHTEN PFANNENGERICHTEN PASSEND. ABER MIT DEM IMPORT VON MALZIGEM PORTER ODER HOPFENBETONTEM IPA ENTDECKTEN JAPANS BIERLIEBHABER EINE VÖLLIG NEUE WELT. SIE MERKTEN, DASS ES NOCH ETWAS ANDERES GAB ALS LAGER: BIERSORTEN FÜR JEDEN GESCHMACK, IN ÄHNLICHER VIELFALT WIE SAKE UND SHOCHU.«

Die allumfassende Verbreitung der Lagerbiere in Japan war der Dominanz der vier japanischen Großbrauereien (Sapporo, Kirin, Asahi und Suntory) und ihren deutschen Wurzeln geschuldet. Lange Zeit beherrschten sie den Markt, begünstigt durch strenge gesetzliche Bestimmungen. Eine Braulizenz erhielt man damals nämlich nur, wenn man mindestens 20 000 Hektoliter pro Jahr produzierte, was für neu auf den Markt kommende Mikrobrauereien natürlich utopisch war. Nach der Änderung dieser Bestimmungen Mitte der 1990er-Jahre drängten in kürzester Zeit neue Brauereien auf den Markt, fast jeden Monat eine. Mit ihnen kamen neue Biere, zunächst typisch europäische, später, unter dem Einfluss der amerikanischen Brauereien, auch Craft-Biere und schließlich auch neuartige, ausgefallenere japanische Sorten.

Diese Vielfalt spiegelt sich auch im Sortiment der Baird Brewing Company wider, das von leichten Lagerbieren bis hin zu Imperial IPA und mit Yuzu- und Mikanfrüchten gewürzten Biersorten reicht. Somit sollte es Joon nicht schwerfallen, zu unterschiedlichsten Saisongerichten das passende Bier zu finden.

»Bei der Wahl der Speisen habe ich großen Spielraum. Von rohem Fisch und Meeresfrüchten bis hin zu gebratenem Fleisch passt eigentlich alles«, sagt Joon. Seiner Meinung nach machen die Vorliebe der japanischen Küche für rohe Zutaten und die sparsame Verwendung von Gewürzen und Saucen die Auswahl leichter als bei deftigeren Landesküchen.

»Bei traditionellen japanischen Gerichten steht der Eigengeschmack der Zutaten im Vordergrund. Sie sind meist unverfälscht und nur moderat gewürzt«, erklärt Joon. »Zu den feinen Klassikern wie frischem Fisch und Tofu passt am besten ein leichtes Lager oder Witbier, zur modernen japanischen Küche (beispielsweise Schweinekoteletts, gegrilltes oder am Spieß gebratenes Fleisch mit süßen, salzigen Saucen oder auch Mehlspeisen wie Pfannkuchen) trinkt man am besten hopfen- oder malzbetonte obergärige Biere.«

GEGENÜBER: Joon Ou von der Baird Brewing Company (Tokio, Japan) ist auf Saisonküche spezialisiert. Er schafft es, zu jedem Gericht das passende Bier bereitzustellen.

IN BIER MARINIERTES, FRITTIERTES HÄHNCHEN (KARA-AGE)

DIESES REZEPT VON JOON OU (BRAUMEISTER DER BAIRD BREWING COMPANY), HEBT SICH DURCH DIE VERWENDUNG VON LAGER FÜR DIE MARINADE VON SEINEM CHINESISCHEN PENDANT AB.

ALS SNACK ODER VORSPEISE FÜR 4–5 PERSONEN

- 5 Hähnchenbrüste, ohne Haut und Knochen
- 1 EL Salz
- 2 EL Zucker
- 1 Prise schwarzer Pfeffer
- 2 große Knoblauchzehen, fein geschnitten
- 1 daumengroßes Stück frischer Ingwer, geschält und fein geschnitten
- 1 EL Sojasauce
- 240 ml Wiener Lager (Joon verwendet Bairds Numazu Lager)
- etwas Kartoffelstärke (Katakuriko, erhältlich im Asialaden) oder Speisestärke
- etwas Pflanzenöl zum Braten

ZUBEREITUNG

1. Die Hähnchenbrüste in 2,5–5 Zentimeter große Würfel schneiden.
2. In einer ausreichend großen Schüssel die restlichen Zutaten (mit Ausnahme der Kartoffelstärke und dem Öl) gut miteinander vermischen. Dann die Hähnchenwürfel untermengen (dabei darauf achten, dass das Fleisch vollständig mit der Marinade bedeckt ist). Die Schüssel mit einem Deckel oder Frischhaltefolie abdecken und für mindestens 4 Stunden in den Kühlschrank stellen.
3. In einem großen Topf reichlich Öl auf 180 °C erhitzen. Die Hähnchenstücke aus der Marinade nehmen, gut abtropfen lassen, in der Kartoffelstärke wälzen und goldbraun anbraten.
4. Nach Belieben mit geraspeltem Kohl und einem Mayonnaise-Dip servieren.

DAZU PASST:

Ein kräftiges, tschechisches Pilsner oder britisches Pale Ale.

IN STOUT GEDÜNSTETE EDAMAME

JOON OU (BRAUMEISTER DER BAIRD BREWING COMPANY) SERVIERT DIE TRADITIONELLEN JAPANISCHEN BOHNENSCHOTEN IN EINER LEICHT BITTER-MALZIGEN SAUCE AUS EINGEKOCHTEM STOUT.

ALS SNACK ODER VORSPEISE FÜR 4–5 PERSONEN

1 kg frische oder gefrorene Edamame-Bohnen (ganze Schoten)

1–2 Flaschen herber Stout (Joon verwendet Baird Brewing's *Shimaguni Stout*)

1 großzügige Prise Meersalz und frisch gemahlener schwarzer Pfeffer

1 großzügige Prise Chili-Pulver (oder Shichimi-Gewürz, erhältlich im Asialaden)

ZUBEREITUNG

1. Die gefrorenen Edamame-Bohnen in einen ausreichend großen Topf geben und die Herdplatte auf mittlere Hitze stellen. Bier hinzufügen, bis die Bohnen zur Hälfte bedeckt sind. Nach dem Aufkochen bei mittlerer Hitze weiter köcheln lassen. Von Zeit zu Zeit umrühren, damit die Bohnen nicht anbrennen.
2. Sobald das Bier eingekocht ist, vom Herd nehmen und die Bohnen mit den Gewürzen vermengen. Warm servieren.

DAZU PASST:

Als Kontrapunkt zum Stout-Sud ein frisches deutsches Helles.

BIERKÖCHE & IHRE REZEPTE

DANIEL GOH

CRAFT-BIER-JÜNGER

THE GOOD BEER COMPANY, SINGAPORE

ALS DANIEL GOH 2011 THE GOOD BEER COMPANY ERÖFFNETE, GESCHAH DAS IN DER ABSICHT, DIE EHER BLASSE BIERKULTUR SINGAPURS PASSEND ZUR EINHEIMISCHEN KÜCHE MIT LEBEN ZU ERFÜLLEN. IM JANUAR 2014 ERÖFFNETE ER ZUSAMMEN MIT SEINEM EINSTIGEN KONKURRENTEN KWOK MENG-CHAO (DEM EIGENTÜMER DES WESTCENTRAL BREWERS' CRAFT BOTTLE SHOP), UNWEIT SEINER EIGENEN GOOD BEER COMPANY DEN BIERAUSSCHANK SMITH STREET TAPS.

Beim Schlendern durch das Obergeschoss des lang gestreckten Chinatown Complex an der Smith Street entdeckt man früher oder später zwischen all den Essständen mit typisch regionaler Küche auch The Good Beer Company, und mit etwas Glück begegnet man dort sogar dem immer freundlichen Daniel Goh.

Mit zwei Bierausschänken zwischen fast 200 Essständen hatte Daniel ausgiebig Gelegenheit, alles über den in Singapur entstehenden Craft-Bier-Markt in Erfahrung zu bringen und zugleich dazu beizutragen, Bier zum adäquaten Begleiter der einheimischen Küche zu machen.

»SINGAPUR HAT EINE FACETTENREICHE ESSKULTUR, WEIL DIE MENSCHEN STETS OFFEN FÜR KULINARISCHE EINFLÜSSE AUS DEM AUSLAND WAREN. DAS GLEICHE PASSIERT GERADE AUCH MIT DER BIERKULTUR. WIR LERNEN NEUE SORTEN KENNEN, ENTDECKEN IHR GESCHMACKLICHES POTENZIAL UND PROBIEREN AUS, WOMIT MAN SIE AM BESTEN KOMBINIEREN KANN.«

Möglichkeiten gibt es mehr als genug. Daniel beschreibt die Küche Singapurs zwar als überwiegend chinesisch, indisch und malaiisch geprägt, hinzu kommen aber auch noch kulinarische Einflüsse aus der restlichen Welt. Diese Vielfalt plus die rund 60 Flaschenbiere und die zehn Fassbiere, die er an seinen beiden Ständen ausschenkt, ergeben »nahezu endlose« Kombinationsmöglichkeiten.

»Oft kommen Menschen zu uns, bringen Essen mit und fragen uns, welches Bier dazu passt«, sagt Daniel. »Wir hatten sogar schon Lebensmittelverkäufer da, die uns gebeten haben, den Kunden das zu unseren Bieren passende Essen zu empfehlen.«

Wer die landestypische Küche nicht kennt, erfährt von Daniel, dass diese meist sehr großzügig und scharf gewürzt ist. Als Beispiel führt er das vielleicht bekannteste Gericht Singapurs an: *In süßsaurer Chilisauce gebratener Taschenkrebs*. Bei solchen Gerichten ist es nicht ganz leicht, die zur Würzigkeit passenden Biersorten zu finden.

»Dazu passen am besten Pale Ales, deren bittere Note sich auch gegen die oft sehr fettigen oder öligen Gerichte durchsetzt«, erklärt Daniel. »Außerdem harmonieren auch Saisonbiere und Witbier (belgisches Weizenbier) hervorragend, da ihre vollmundig-spritzige Note den Gaumen erfrischt, gleichzeitig aber auch unsere pikante Küche perfekt abrundet.«

Was die Zukunft der Craft-Brauer und den Stellenwert des Bieres in Singapur angeht, ist Daniel optimistisch - vor allem angesichts des Kombinationspotenzials vieler noch nicht verbreiteter oder den Einheimischen völlig unbekannter Biersorten.

»Wir müssen darauf achten, welche Biersorten zum hiesigen Essen passen, aber auch darauf, welche den Kunden schmecken«, wobei Daniel einräumt, dass dies nicht immer miteinander vereinbar ist. »Belgische Rotbiere passen zum Beispiel gut zu Bak Chor Mee, einem mit Chili und Essig zubereiteten Nudelgericht, sind aber hier in Singapur nicht allzu beliebt.«

GEGENÜBER: Daniel Goh am Zapfhahn. Er besitzt zwei Bierschänken in Singapurs Chinatown: Smith Street Taps und The Good Beer Company.

JESSE VALLINS

MINIMALIST

THE SAINT TAVERN,
TORONTO, KANADA

LANGE BEVOR ICH MEIN BEERBISTRO IN TORONTO ERÖFFNETE, HATTE ICH BEI BIER-EVENTS UND -VERKOSTUNGEN EINEN JUNGEN KOCH UND LEIDENSCHAFTLICHEN BIERTRINKER NAMENS JESSE VALLINS KENNENGELERNT. ALS ICH DANN DIE IDEE HATTE, DAS ERSTE BIERRESTAURANT DER STADT ZU ERÖFFNEN, BEWARB SICH JESSE SOFORT FÜR EINEN POSTEN IN DER KÜCHE. ZU DEM ZEITPUNKT HATTE ICH MEINEN PLAN NOCH NICHT EINMAL PUBLIK GEMACHT, GESCHWEIGE DENN DIE RÄUMLICHKEITEN FÜR DAS LOKAL.

»ICH LIEBE BIER, SEIT ICH ALKOHOL KAUFEN DARF«, ERINNERT SICH JESSE. »UND DA ICH ZUDEM GERN KOCHE, WAR ES KEIN WUNDER, DASS ICH EINES TAGES DEN WEG ZUR BIERKÜCHE FAND.«

Angesichts dieser Begeisterung brauchte es nicht viel, um Küchenchef Brian Morin, der mit dem größten Kapitalanteil in mein Restaurantprojekt eingestiegen war, davon zu überzeugen, Jesse eine Chance zu geben. Jesse arbeitete sich schnell nach oben und wurde trotz seiner jungen Jahre bald Sous-Chef. Zusammen mit Brian und dem Küchenpersonal zauberten wir so einiges mit Bier. Nach getaner Arbeit diskutierten wir bei einem Bier, ob die Kombination gelungen war, beziehungsweise, wie das Gericht beim nächsten Mal noch besser werden könnte.

Schließlich wurde der kreative und ehrgeizige Jesse sein eigener Herr und Küchenchef. Zunächst eröffnete er in derselben Straße das Trevor, später dann am anderen Ende der Stadt The Saint. Mit seinem Restaurant gewann er drei Jahre in Folge den Würstchen-Wettbewerb und etablierte sich so im Laufe der Zeit als Torontos Würstchen-König. Kein Wunder also, dass er auch heute noch gerne Würstchen ins Spiel bringt, wenn er über Bierküche redet. »Viele wissen nicht, wie wichtig der richtige Fett- und Flüssigkeitsanteil bei der Wurstherstellung ist«, sagt Jesse. »Ich nehme rund 75 Milliliter Flüssigkeit pro Kilo Fleisch. Das Ganze gut durchkneten, sonst hat das Brät nicht die richtige Textur.«

Erstaunlicherweise würde Jesse aber nicht jede Wurst grundsätzlich mit Bier herstellen. »Ein IPA passt gut in eine scharfe Wurst«, sagt er. »Ich finde allerdings, dass Bier in der Küche bewusst verwendet werden sollte und nicht nur um des Bieres willen.« Aus diesem Grund ist Jesse dazu übergegangen, lieber ein passendes Bier zu einem Gericht zu servieren, anstatt auf Teufel komm raus mit Bier zu kochen. Trotzdem hat die Bierküche in Jesses Taverne nach wie vor ihren Platz, etwa pochierte Pflaumen in Biersauce sowie einige bierige Senfvarianten und Würzsaucen, die er zu Steaks und Würstchen reicht. »Essen im Restaurant war für mich immer etwas Besonderes, das durch ein passendes Getränk, ob Bier, Wein oder Cocktail, abgerundet wird. Das ist jedoch nicht der Fall, wenn Bier willkürlich in ein Rezept mit einfließt. Daher sollte man ein gutes Bier lieber zum Essen servieren, als es ins Essen zu schütten.«

GEGENÜBER OBEN: Jesse Vallins begann im Beerbistro in Toronto und avancierte später zum Küchenchef des Restaurants The Saint, ebenfalls in Toronto.

GEGENÜBER UNTEN: Jesse Vallins stellt seinen Biersenf selbst her (Rezept siehe Seite 137).

STOUT-SAUCE

JESSE VALLINS LEBT ZWAR IN KANADA, ABER DIE ENGLISCHEN EINFLÜSSE IN SEINEN GERICHTEN SIND NICHT ZU ÜBERSEHEN – WIE DIESE BRAUNE SAUCE, DIE IM THE SAINT ZU STEAKS SERVIERT WIRD.

160 g Datteln, entsteint
160 g Rosinen
60 ml Worcestersauce, plus 1 EL extra
2 TL Sirup
235 ml Stout
30 g Tamarindenmark
295 ml Malzessig
60 ml frisch gepresster Orangensaft, plus 1 EL extra
50 g Dijonsenf
4 TL grobkörniges Salz
½ Gemüsezwiebel, geschält und gewürfelt
3 Knoblauchzehen, geschält und zerdrückt
1 Prise Curry

ZUBEREITUNG

1 Alle Zutaten in eine Pfanne geben und bei mittlerer Hitze unter gelegentlichem Rühren braten, bis sie gar sind.
2 Die Mischung in der Küchenmaschine fein pürieren.
3 Im Kühlschrank bis zu zwei Wochen haltbar.

BIER-SENF

ALS WÜRSTCHEN-KÖNIG SOLLTE MAN NATÜRLICH AUCH EINEN BESONDERS GUTEN SENF AUF DER SPEISEKARTE HABEN. HIER EINE VON JESSE VALLINS VARIANTEN, WIE SIE AUCH IM THE SAINT SERVIERT WIRD.

3 EL gelbe Senfkörner
3 EL braune Senfkörner

1½ EL Senfpulver
170 ml dunkles Bier (Porter, Stout oder Dubbel)

4 EL Malzessig
2 EL Gerstenmalzextrakt (Sirup, erhältlich lose oder abgepackt als Backzubehör)

1½ TL Meersalz

ZUBEREITUNG

1. Senfkörner, Senfpulver, Bier und Essig in einem Glas- oder Keramikbehälter miteinander vermischen. Das Gefäß abdecken und über Nacht stehen lassen.
2. Am nächsten Tag die Mischung in der Küchenmaschine (oder mit dem Stabmixer) zu einer Paste verarbeiten.
3. Die restlichen Zutaten hinzufügen und alles im Wasserbad unter ständigem Rühren rund 20 Minuten lang erwärmen, bis die Masse eindickt.
4. In ein Glas mit Deckel umfüllen. Hält sich im Kühlschrank etwa einen Monat.

SEAN PAXTON
HEIMBRAUER AUF TOUR
SONOMA, KALIFORNIEN, USA

DER IN NORDKALIFORNIEN LEBENDE SEAN PAXTON IST IN DEN USA DER WOHL BEKANNTESTE UND MIT SICHERHEIT VERSIERTESTE ANHÄNGER DER BIERKÜCHE IN ALL IHREN FACETTEN. HEUTE GIBT CHEFKOCH SEAN, DER SICH »THE HOMEBREW CHEF« NENNT, AUCH KOCHKURSE. SEINE LIEBE ZUR BIERCUISINE ENTDECKTE ER KURZ NACHDEM ER MIT DEM HEIMBRAUEN BEGONNEN HATTE. SEINE BEGEISTERUNG HÄLT BIS HEUTE AN.

»Mit dem Heimbrauen fing ich vor knapp 20 Jahren an«, erzählt Sean. »Nach zwei Versuchen hatte ich ziemlich viel Bier im Haus, und eines Tages habe ich dann einfach Bier zum Kochen verwendet, weil gerade kein Wein da war.«

Dieses Gericht, das den jungen Koch damals das Potenzial von Bier in der Küche entdecken ließ, kocht er auch heute noch bisweilen. »Ich habe Schalotten in Butter karamellisiert, Thymian und Morcheln hinzugegeben, das Ganze mit Doppelbock abgelöscht, etwas Kalbsfond hinzugefügt und als Sauce zu Kalbskotelett serviert – ein vollmundig-herzhaftes Umami-Geschmackserlebnis.« Seitdem hat Sean seine Kochkunst im Rahmen von privaten Kochstunden und so manchem legendären Bier-Dinner weiterentwickelt.

»FRÜHER HATTE ICH RESTAURANTS, UND WENN DAS HEUTE NOCH SO WÄRE, BEKÄME ICH NICHTS ANDERES ZU SEHEN«, ERKLÄRT ER SEINEN NOMADENSTATUS. »ALS SELBSTSTÄNDIGER KOMME ICH VIEL HERUM, LERNE IMMER WIEDER NEUES ÜBER DIE BIERKÜCHE UND ERWEITERE STETIG MEINEN HORIZONT.«

Das kann man wohl sagen, denn Sean gilt in der amerikanischen Craft-Bier-Szene als Meister seines Fachs. Niemand verwendet Bier und Brauzusätze so raffiniert wie er. Er geht sogar so weit, Ferkel mit Biertreber zu füttern, das Fleisch in Leinensäcken zwischen Hopfenpellets reifen zu lassen und schließlich über dem Rauch getrockneter Hopfendolden zu grillen. Er ist der festen Überzeugung, das Ergebnis rechtfertige jeden noch so großen Aufwand.

»Bier trinken ist das eine«, sagt er, »mit Bier kochen, die verschiedenen im Bier enthaltenen Aromen nutzen, kontrapunktisch, komplementär und in immer wieder neuen Kombinationen, ist dann noch mal ein ganz besonderer Reiz.«

Seine Leidenschaft teilt er gern mit anderen, zumal Bier und Bierküche seiner Meinung nach in der Ausbildung von Köchen meist sträflich vernachlässigt werden. Das ist auch genau das Thema, das zwischen Sean und mir in den vielen Jahren unserer Bekanntschaft immer wieder zur Sprache kommt, wenn wir uns mal wieder zufällig irgendwo über den Weg laufen.

»Kochschulen bringen ihren Schülern nichts über Bitterstoffe bei. Wein hat nämlich keine, daher fällt das völlig unter den Tisch. Viele Biere wirken adstringierend, womit viele Köche überhaupt nicht umgehen können. So nehmen sie zum Beispiel einen röstigen Stout, reduzieren ihn und verstärken so die adstringierende Wirkung. Ich frage mich dann immer, warum sie das tun. Wahrscheinlich, weil sie noch nie von diesem Effekt gehört haben.«

Diese Wissenslücke und viele andere können Profi- oder Hobbyköche in den Kochkursen des »Homebrew Chefs« schließen.

GEGENÜBER: Sean Paxton, genannt »The Homebrew Chef«, kocht seit etwa 20 Jahren mit Bier.
FOLGENDE SEITE OBEN: Seans Kochschüler profitieren von seinem reichen Erfahrungsschatz. UNTEN: *Ochsenschwanzsuppe mit Graupen*, ein einfaches, deftiges Gericht, schmeckt mit dunklem Ale noch köstlicher.

OCHSENSCHWANZSUPPE MIT GRAUPEN

SEAN PAXTON BETREIBT BISWEILEN EINEN IMMENSEN AUFWAND, LÄSST ETWA SPANFERKEL-FLEISCH VOR DEM GRILLEN IN HOPFENPELLETS REIFEN, MAG ABER AUCH EINFACHE GERICHTE WIE DIESE DEFTIGE SUPPE.

FÜR 6 PERSONEN

- 2 EL Olivenöl
- 900 g–1,3 kg Ochsenschwanz, in Scheiben geschnitten
- Salz und Pfeffer nach Belieben
- 2 große Zwiebeln, geschält und in Würfel geschnitten
- 1 Stange Lauch, gewaschen und in Scheiben geschnitten
- 4 Schalotten, in Würfel geschnitten
- 8–10 Knoblauchzehen, geschält und in Scheiben geschnitten
- 4 Karotten, in Scheiben geschnitten
- 450 g Zuchtchampignons, geputzt und geviertelt
- 2 EL frische Thymianblätter
- 4 Lorbeerblätter
- 1 Dose (400 g) stückige Schältomaten
- 1 l dunkles Ale (Brown Ale, Smoked Porter, Stout oder Ähnliches)
- 1 l Rinder- oder Hühnerbrühe, vorzugsweise selbst gemacht
- 225 g Graupen
- etwas Rauchsalz und schwarzer Pfeffer nach Belieben
- ½ Bund glatte Petersilie, fein gehackt

ZUBEREITUNG

1. Das Öl bei mittlerer Hitze in einem ausreichend großen Topf erhitzen. Das Ochsenschwanzfleisch von beiden Seiten salzen, pfeffern und anbraten. Das Fleisch aus dem Topf nehmen und beiseite stellen.
2. Die Zwiebeln in 4–5 Minuten glasig anschwitzen. Das Gemüse hinzufügen und 8–10 Minuten leicht mitbraten. Die Hälfte des Gemüses beiseite stellen. Gewürze und Tomaten in den Topf geben und alles gut erhitzen.
3. Das Ochsenschwanzfleisch wieder in den Topf geben und alles mit 700 ml des Bieres ablöschen. Den Fond hinzufügen und aufkochen lassen. Bei geschlossenem Deckel eine Stunde bei schwacher Hitze köcheln lassen.
4. Die Graupen hinzufügen, unterrühren und eine weitere Stunde köcheln lassen.
5. Nach 2 Stunden Kochzeit das beiseite gestellte Gemüse und das restliche Bier zur Suppe geben und 30 Minuten mitköcheln lassen. Das Fleisch aus dem Topf nehmen, vom Knochen lösen, in Stücke schneiden und wieder zur Suppe geben. Die Lorbeerblätter herausnehmen und Suppe mit Rauchsalz und schwarzem Pfeffer abschmecken.
6. Die Petersilie untermengen und die Suppe servieren.

DAZU PASST:

Kellertemperierter Smoked Porter – auch wenn manche meinen, man brauche zur Suppe keine zusätzliche Flüssigkeit. Wer so etwas behauptet, weiß nicht, was er verpasst.

IN BIER GESCHMORTER SCHWEINEBAUCH MIT CAJUN-GEWÜRZKRUSTE

WELCHER BIERKOCH WÜRDE AUF SCHWEINEBAUCH VERZICHTEN? SEAN PAXTON SICHER NICHT. FÜR IHN KANN DIESES GERICHT ALS HAUPTGANG ODER AUCH ALS PROTEINLIEFERANT IN EINEM MEHR-GÄNGE-MENÜ SERVIERT WERDEN.

ERGIBT 18 PORTIONEN À 100 G

- 1 l bitteres oder mildes Bier (kein hopfenbetontes, Sean verwendet *Firestone Walker DBA*)
- 1 EL brauner Zucker
- 1 EL Meersalz
- 2 TL frischer Thymian
- 2 Lorbeerblätter
- 2,2 kg Schweinebauch ohne Schwarte
- 1–4 EL Cajun-Gewürzmischung (je nach gewünschtem Schärfegrad)
- etwas Butter (zum Bräunen)

ZUBEREITUNG

SCHMOREN

1. Den Ofen auf 130 °C (Gasherd Stufe 1–2) vorheizen. In einer größeren Pfanne alle Zutaten (mit Ausnahme des Fleisches, der Cajun-Gewürzmischung und der Butter) gut miteinander vermischen.
2. Das Fleisch hinzugeben, mit Aluminiumfolie abdecken und auf mittlerer Schiene im Ofen 4–6 Stunden lang schmoren, bis es gar ist (aber noch nicht zerfällt).
3. Das Fleisch in der Schmorflüssigkeit abkühlen lassen (am besten den Schweinbauch mit Frischhaltefolie abdecken, eine flache Pfanne darauf legen und mit Konserven beschweren, um das Fleisch flachzudrücken). Über Nacht in den Kühlschrank stellen.
4. Am nächsten Tag das Fleisch aus der Schmorflüssigkeit nehmen und aufschneiden (Vorspeise: 2,5 Zentimeter große Würfel, Hauptgang: 5–7,5 Zentimeter große Würfel).

BRÄUNEN

5. Eine gusseiserne Pfanne erhitzen. Die Fleischwürfel auf der Oberseite mit Cajun-Gewürzmischung einreiben.
6. Etwas Butter in der Pfanne zerlassen und die Fleischwürfel mit der gewürzten Seite nach unten in die Pfanne legen. 1–2 Minuten lang scharf anbraten, bis die Gewürzkruste schwarz wird (zum Absaugen des Rauches die Dunstabzugshaube einschalten).
7. Die Fleischstücke umdrehen und gut durchwärmen lassen. Aus der Pfanne nehmen und sofort servieren.

DAZU PASST:

Ein Dunkles oder Best Bitter, sofern das Gericht nicht zu scharf gewürzt ist. Zu schärferen Varianten trinkt man am besten hopfiges Hefeweizen oder Hopfenweisse.

BIERKÖCHE & IHRE REZEPTE

LUCY SAUNDERS

BIERKÖCHIN UND KOCHBUCHAUTORIN

MILWAUKEE, WISCONSIN, USA

LUCY SAUNDERS ENTDECKTE IHRE LIEBE ZUM KOCHEN IM ALTER VON SIEBEN JAHREN. WANN SIE IN DER KÜCHE ZUM ESTEN MAL MIT BIER EXPERIMENTIERTE, WEISS SIE NICHT MEHR. GESCHMECKT HAT ES IHR SCHON IMMER. INSOFERN LAG ES NAHE, DASS SIE IRGENDWANN DAS EINE MIT DEM ANDEREN VERBAND.

Eines Tages war es so weit. Lucy studierte damals englische Literaturwissenschaften und sollte im Rahmen eines Projektes ein mittelalterliches Bankett nachstellen. »Beim Nachkochen der Rezepte entdeckte ich, dass damals viel mit Bier gekocht wurde, vor allem, weil Bier im Gegensatz zu Wasser nicht verunreinigt war.«

Danach arbeitete sie zwar als Lektorin in einem Verlag und nicht in der Küche, doch die Liebe zum Kochen und zum Bier blieb. Sie sammelte entsprechende Rezepte und experimentierte schließlich auch selbst. Nebenbei begann sie mit dem Schreiben, zunächst als Ghostwriterin, schließlich als Autorin eines eigenen Kochbuchs. Ihren Ruf als »The Beercook« besiegelte sie endgültig mit der Veröffentlichung von Cooking with Beer 1996, einem der frühen US-Kochbücher dieses Genres.

Meine ähnlich gelagerten Interessen sowie die Tatsache, dass mein Brewpub Cookbook ein Jahr nach Lucys Buch herauskam, hätten uns zu Konkurrenten machen können. Dem war aber nicht so. Wir wurden Freunde. Seit Cooking with Beer hat Lucy drei weitere Bücher zum selben Thema veröffentlicht. Das letzte, Dinner in the Beer Garden, umfasst fast ausschließlich vegetarische Rezepte, weil Lucy die steigende Anzahl von Braugaststätten mit eigenem Gemüsegarten mit großer Freude beobachtet. Ich zähle bis heute zu ihren größten Fans.

Lucy ist zwar mit Leib und Seele Kochbuchautorin und Kochlehrerin, hat aber keinesfalls den absoluten Anspruch, dass zu einem bestimmten Rezept nur ein ganz bestimmtes Bier als Zutat oder Begleiter passt.

»JEDER HAT SEINEN EIGENEN GESCHMACK UND JEDER REAGIERT ANDERS AUF DIE VERSCHIEDENEN AROMEN. DESHALB EMPFEHLE ICH GRUNDSÄTZLICH, EIN BIER ZU VERWENDEN, DAS EINEM SCHMECKT, AUCH WENN ES – WELCH FREVEL! – NICHT ZUM REZEPT PASST.«

Natürlich sind dem Kombinationsspielraum Grenzen gesetzt, denn mit einem süßen, malzigen dunklen Starkbier oder Scotch Ale erzielt man sicher nicht dasselbe Ergebnis wie mit einem herben IPA. Doch selbst da ist Lucy tolerant. Sie freut sich auf die Zukunft, die ihrer Einschätzung nach viele spannende und unkonventionelle neue Biergerichte hervorbringen dürfte, da Craft-Biere und ihre Verwendung für die heutigen Nachwuchsköche in den USA nichts Ungewöhnliches oder Exotisches mehr sind.

Allen, die es mit der Bierküche versuchen möchten, erklärt Lucy gern, wie man seine Lieblingsrezepte auf Bier umstellt. »Das Rezept sollte man schon mehrmals ausprobiert haben. Und dann sollte man auch nicht einfach Flüssigkeit 1:1 durch Bier ersetzen, denn Bier hat sehr spezifische Eigenschaften wie zum Beispiel Restzucker, die den Geschmack oder auch den Kochvorgang beeinflussen können. Ein in sehr süßem dunklem Ale mariniertes Hähnchen wird beispielsweise wegen des Zuckers beim Grillen karamellisieren und verbrennen.«

Weise Ratschläge einer erfahrenen Bierköchin, die nun schon seit drei Jahrzehnten experimentiert.

GEGENÜBER: Lucy Saunders schrieb 1996 mit *Cooking with Beer* eines ihrer ersten Kochbücher.

TOMATENSANDWICH MIT HOPFENGEREIFTEM CHEDDAR

LUCY SAUNDERS STAMMT NICHT UMSONST AUS DEM »KÄSE«-STAAT WISCONSIN – SIE VERWENDET IN DIESEM REZEPT HOPFENVEREDELTEN CHEDDAR. DAS MAG UNKONVENTIONELL KLINGEN, IST ABER IM PRINZIP NUR IHRE VARIANTE DES SEIT JEHER PRAKTIZIERTEN AFFINIERENS (DES VEREDELNS VON KÄSE WÄHREND DER REIFUNG).

ERGIBT 2 SANDWICHES

Für den Käse
25–50 g getrocknete Hopfendolden oder -pellets (erhältlich als Brauzubehör oder bei Brauern vor Ort)
150 g Cheddar, im Stück

Für die Sandwiches
4 Scheiben Vollkornbrot
3 EL weiche Butter
100–150 g hopfenveredelter Cheddar, gerieben oder fein geschnitten

1 große Tomate (rund 285 g, alternativ zwei kleine Tomaten), in dicke Scheiben geschnitten

4–5 frische Basilikumblätter, fein gehackt
2 EL brauner oder grobkörniger Senf

ZUBEREITUNG

1. Den Hopfen mindestens einen Tag zuvor in ein Glas- oder Edelstahlgefäß legen und mit Pergamentpapier bedecken, damit er nicht mit dem Käse in Berührung kommt. Den Käse darauf legen, das Gefäß verschließen und über Nacht in den Kühlschrank stellen. Am nächsten Tag die Hopfennote des Käses überprüfen, gegebenenfalls weiter reifen lassen.
2. Für die Sandwiches eine schwere Pfanne oder Grillplatte (vorzugsweise gusseisern) bei mittlerer Hitze erwärmen. Die Brotscheiben mit Butter bestreichen. Zwei Brotscheiben mit der gebutterten Seite nach unten in die heiße Pfanne oder auf die Grillplatte legen. Die Hälfte des Käses darüber streuen, mit Tomatenscheiben bedecken und mit Basilikum bestreuen. Den restlichen Käse über die Tomaten geben.
3. Die restlichen Brotscheiben mit Senf bestreichen und mit der gebutterten Seite nach oben auf die Tomaten legen. Mit Deckel oder Alufolie abdecken und mehrere Minuten im Ofen überbacken.
4. Sobald das Brot goldbraun und der Käse geschmolzen ist, die Sandwiches wenden und ohne Deckel nochmals 2–3 Minuten überbacken. Dazu Salat servieren.

DAZU PASST:

Ein trockenes, hopfiges helles oder bitteres Bier, am besten eines, für das dieselbe Hopfensorte wie für die Käseveredelung verwendet wurde.

EDUARDO PASSERELLI

BRASILIANISCHER BIERKULINARISCHER VISIONÄR

SÃO PAULO, BRASILIEN

ALS ICH DAS ERSTE MAL NACH BRASILIEN FLOG, FOLGTE ICH EINER EINLADUNG ZUM JUBILÄUM EINER KNEIPE NAMENS MELOGRANO IN SÃO PAULO. ICH WUSSTE BEREITS, WAS DIE NOCH JUNGE, ABER BEGEISTERTE CRAFT-BIER-SZENE IM GRÖSSTEN LAND SÜDAMERIKAS LEISTETE, UND KANNTE AUCH DAS LEGENDÄRE FRANGÓ, DAS BIS HEUTE ZU MEINEN LIEBLINGSKNEIPEN ZÄHLT. TROTZ ALLEM WAR ICH VOM MELOGRANO POSITIV ÜBERRASCHT.

Hier gab es nicht nur brasilianische Craft-Biere und eine hervorragende in São Paulo gebraute Hausmarke, sondern obendrein eine große Auswahl an dazu passenden Gerichten. Das muss man sich vor Augen halten: Die brasilianische Craft-Bier-Szene war erst ein paar Jahre jung. Amerikanische und kanadische Restaurants hatten dagegen Jahrzehnte gebraucht, bis sie Bier als Tischgetränk akzeptiert und ihre Speisekarte entsprechend angepasst hatten.

Verantwortlich für dieses visionäre gastronomische Konzept war ein junger Mann namens Eduardo Passerelli, kurz »Edu« für seine Freunde. Als ich ihn kennenlernte, wusste ich sofort, dass man von ihm noch sehr viel hören würde.

Bei den meisten Bierliebhabern begann ihre Leidenschaft mit einem ganz konkreten Auslöser. Bei Edu war es ein deutsches Hefeweizen, das er mit 19 probierte. Dieses Bier weckte seine Neugier, und da der bereits in der Gastronomie Tätige nun alles über Bier, Essen und Trinken erfahren wollte, ging er auf eine Kochschule.

Dort, auf einem Seminar zum Thema »Welcher Wein zu welchem Essen?«, hatte Edu die Idee, Essen mit Bier zu paaren. Kurze Zeit später startete er seinen Blog Edu Recomenda (»Edu empfiehlt«). Zwei Jahre später kaufte er das Melograno und führte wohl als erster brasilianischer Restaurantbesitzer eine Speisekarte mit dazu passender Bierkarte ein.

In Edus jetzigem Restaurant, dem Aconchego Carioca in São Paulo, ist die Bierkarte zwar nicht bewusst auf die Speisekarte abgestimmt, dennoch ist die Auswahl groß und fachkundige Beratung gewährleistet.

»Aconchego ist eine typische brasilianische ›boteco‹ mit einfachem, gutem Essen und gemütlicher Atmosphäre. Alle unsere Kellner wissen, welches Bier zu welchem Gericht passt, geben aber nur Tipps, wenn der Gast dies wünscht.«

Welche Kombinationen würden sich denn anbieten?

»UNSER BERÜHMTESTES GERICHT IST *FEIJOADA*, EIN BRASILIANISCHER FLEISCH- UND BOHNENEINTOPF, ZU DEM SCHWARZBIER, RAUCHBIER UND SOGAR EIN KONTRAPUNKTISCHES WITBIER PASST«, ERKLÄRT EDU. »ZU BOBÓ DE CAMARÃO MIT SHRIMPS, MANIOK UND KOKOSMILCH BIETET SICH EIN IPA AN. ODER NEHMEN WIR UNSER DESSERT AUS TAPIOKA, KOKOSMILCH, SIRUP UND CACHAÇA-SAUCE: UNSCHLAGBAR MIT EINEM *3 LOBOS BRAVO*, EINEM KRÄFTIGEN, IN FÄSSERN AUS AMBURANA-HOLZ GEREIFTEN PORTER.«

Die Kombination von gutem Bier und Essen setzt sich also unter Umständen nicht nur über Landesgrenzen und -küchen, sondern auch über kulinarische Traditionen hinweg.

GEGENÜBER: Eduardo Passerelli ist Brasiliens Pionier, wenn es um gutes Bier zu gutem Essen geht. Er kocht im Aconchego Carioca in São Paulo.

SCHWEINERIPPCHEN IN SCHOKOLADEN-BIER-SAUCE

DIE KOMBINATION VON SCHOKOLADE MIT DUNKLEM MALZ VERLEIHT DIESER KREATION VON EDU PASSARELLI, DIE AUCH AUF DER SPEISEKARTE DES ACONCHEGO CARIOCA STEHT, IHRE BESONDERE NOTE. DA DAS BIER STARK EINKOCHT, SOLLTE MAN KEIN ZU HOPFENBETONTES NEHMEN.

FÜR 4–6 PERSONEN

1 kg Schweinerippchen
350 g Zwiebeln, geschält und gewürfelt
Salz und weißer Pfeffer nach Belieben
600 ml dunkles Ale (Brown Ale, Scotch Ale oder dunkles Starkbier)
2 EL Butter
1 EL brauner Zucker
50 g Zartbitterschokolade

ZUBEREITUNG

1. Mindestens 12 Stunden im Voraus Zwiebeln, Salz, Pfeffer und die Hälfte des Bieres in einem Gefäß mit dichtem Deckel miteinander vermischen. Das Fleisch untermengen, den Deckel verschließen und das Fleisch mindestens 12 Stunden im Kühlschrank marinieren lassen. Gelegentlich schütteln, damit das Fleisch gut mit Marinade überzogen wird.
2. Anschließend den Ofen auf 180 °C (Gasherd Stufe 4) vorheizen. Das Fleisch aus der Marinade nehmen und auf einem eingefetteten Backblech in den Ofen schieben.
3. Für die Sauce die Marinade durch ein Sieb abgießen und beiseite stellen. Die Zwiebeln aus der Marinade in einer Pfanne mit hohem Rand bei mittlerer Hitze leicht anbraten. Nach und nach die Marinade und das restliche Bier hinzufügen. Wenn die Zwiebeln fast verschmort sind, die Butter und den Zucker einrühren, die Hitze reduzieren und alles weiter braten, bis die Flüssigkeit um die Hälfte einreduziert ist. Die Schokolade unter ständigem Rühren hinzufügen und schmelzen lassen (darauf achten, dass die Sauce nicht kocht).
4. Die Sauce über die Rippchen gießen und das Fleisch etwa 80–90 Minuten weitergaren, bis es absolut zart ist.

DAZU PASST:

Ein dunkler Weizenbock mit kräftig-würziger Note, der das herzhafte Fleisch ideal ergänzt und gleichzeitig spritzig genug ist, um sich geschmacklich gegen das Schweinefett durchzusetzen.

GREG HIGGINS

BIERPIONIER AUS PORTLAND

HIGGINS RESTAURANT, PORTLAND, OREGON, USA

IN PORTLAND MANGELT ES WEDER AN GROSSEN BRAUEREIEN NOCH AN GUTEN RESTAURANTS. ES HEISST, ES GÄBE NIRGENDWO AUF DER WELT SO VIELE BRAUEREIEN PRO KOPF WIE IN PORTLAND. OB DAS STIMMT, LÄSST SICH NICHT MIT GEWISSHEIT SAGEN, ES IST ABER ZUMINDEST GLAUBWÜRDIG. MAN IST VERSUCHT, DAS GLEICHE AUCH VON DER RESTAURANTDICHTE ZU SAGEN.

Selbst in der Hochburg der Gastronomie ist Higgins Restaurant etwas Besonderes. Als er 1994 sein Restaurant eröffnete, war er einer der ersten, der auf das reichhaltige kulinarische Angebot des pazifischen Nordwestens setzte – eine Philosophie, die er von seinem früheren Arbeitgeber, dem Heathman Hotel in Portland, mitgebracht hatte. Mindestens ein Jahrzehnt, bevor diese Praxis sich unter den US-Küchenchefs durchsetzte, kaufte Higgins bereits bei Farmern, Ranchern und Fischern aus der Region ein.

> »OB ALS KÜCHENCHEF ODER ALS IMBISSBESITZER – MAN IST ZWANGSLÄUFIG BEEINFLUSST VON DER VIELFALT AN CRAFT-BIEREN IN UND UM PORTLAND.«

Im Übrigen war Greg gar nicht versucht, die vielfältigen Biersorten von seiner Speisekarte zu verbannen, sondern beschloss von Anfang an, Bier und Wein gleichberechtigt darauf aufzuführen. »Ich kann mir unsere regionale Küche ohne Bier nicht vorstellen«, erklärt er. »Waverly Root sagte einmal, wo der Wein gut sei, sei auch das Essen gut. Das Gleiche gilt für Craft-Bier. Eine Region, die gute Küche zu schätzen weiß, wird gute Biere sicherlich nicht verschmähen.«

Bei der Eröffnung standen auf der Speisekarte zwar noch jede Menge belgische Biere, was für gute Restaurants der damaligen Zeit sehr ungewöhnlich war, doch schon bald wurden sie durch einheimische Craft-Biere ersetzt. »Man ist zwangsläufig beeinflusst von der Vielfalt an Craft-Bieren in und um Portland, ob als Küchenchef oder als Imbissbesitzer.«

Craft-Biere bekommt man heute in vielen guten Restaurants der Stadt. Als ich Ende der 1990er-Jahre zum ersten Mal in Higgins Restaurant speiste, hob es sich nicht nur durch seine erlesene Küche von der Masse ab, sondern auch dadurch, dass man hier Getränke aus der Region bestellen konnte, ob Oregon IPA oder Pinot Noir. Das ist unter anderem Warren Steenson zu verdanken, dem ehemaligen »Bier-Verantwortlichen«, der laut Higgins »großen Einfluss« gehabt habe. Leider ist er 2014 verstorben. Lange Jahre Mitarbeiter im Higgins Restaurant, beriet er auch Imbissbesitzer in Sachen Essen und Bier.

»Warren war mein Kollege, als ich im Heathman Hotel Küchenchef war«, erinnert sich Greg. »Er brachte mich auf die Idee, Bier selbst zu brauen, und beriet mich dabei. Warren hatte einen feinen Gaumen. Sein ständig wachsendes Wissen rund um Bier und Brauen teilte er mit Kollegen und Kunden. Er hat die einheimischen Craft-Bier-Brauer dahin gebracht, wo sie heute stehen. Wir vermissen ihn sehr …«

Von Warren, Brauereibesitzer Alan Sprints und seinem Freund Jim Kennedy, dem Besitzer von Admiralty Beverages, hat Greg unter anderem gelernt, welches Bier zu welchem Essen passt. »Es geht letzten Endes um grundlegende Geschmackseigenschaften wie bitter, säuerlich, malzig, süß oder hefebetont und die dazu harmonisch oder kontrapunktisch passenden Gerichte.«

GEGENÜBER: Greg Higgins ist Eigentümer und Chefkoch des Higgins Restaurants in der Bierhochburg Portland. Seine Spezialität sind regionale Gerichte kombiniert mit einheimischem Bier.

HEILBUTT MIT ZITRONEN-HASELNUSS-KRUSTE IN SAUCE BIÈRE BLANCHE

AUCH WENN ES ZIEMLICH AUFWENDIG AUSSIEHT, IST DIESES GERICHT AUS HIGGINS RESTAURANT EINFACH IN DER ZUBEREITUNG UND LOHNT DAS BISSCHEN AUFWAND IN JEDEM FALL.

FÜR 4 PERSONEN

- 1 Orange mit Schale und Saft
- 1 Zitrone mit Schale und Saft
- 120 ml Weizenbier belgischer Brauart
- 4 Schalotten, geschält und fein geschnitten
- 1 TL Pfefferkörner
- 2 Zweige frischer Thymian
- 1 EL gemahlener Koriander
- ½ TL Cayennepfeffer
- 60 g geröstete Haselnüsse, zerstoßen
- Salz und Pfeffer nach Belieben
- 1 Eiweiß
- 1 EL Dijonsenf
- 25 g Olivenöl
- 4 Stücke Heilbutt à 170 g
- 170 g Butter, in 1,25 cm große Würfel geschnitten

ZUBEREITUNG

1. Den Ofen auf 200 °C (Gasherd Stufe 6) vorheizen.
2. In einer kleinen Pfanne Orangensaft, Zitronensaft, Weizenbier, Schalotten, Pfefferkörner, Thymian sowie die Hälfte des Cayennepfeffers und Korianders miteinander vermischen und aufkochen lassen. Dann bei schwacher Hitze köcheln lassen und auf etwa 120 ml Flüssigkeit einreduzieren.
3. In der Zwischenzeit die Orangen- und Zitronenschale fein hacken und mit dem restlichen Koriander und Cayennepfeffer sowie den Haselnüssen vermischen. Salzen und pfeffern, dann beiseite stellen.
4. In einer kleinen Schüssel das Eiweiß und den Senf mit einem Spritzer Wasser verrühren.
5. Die Fischstücke beidseitig salzen und pfeffern und in eine mit Olivenöl eingefettete Pfanne legen. Die Oberseite dünn mit dem Eiweiß-Senf-Gemisch bestreichen und die Haselnussmischung darüber verteilen, dann in 10–12 Minuten im Ofen goldbraun backen.
6. Die Sauce vom Herd nehmen, durch ein Sieb passieren und wieder in die Pfanne geben. Die Butter unterrühren und die Sauce nach Belieben salzen und pfeffern.
7. Den überbackenen Heilbutt mit der Sauce, gemischtem Salat, herzhaftem Brot und dem restlichen Bier servieren.

DAZU PASST:

Das bereits für die Zubereitung des Gerichts verwendete Weizenbier belgischer Brauart.

BIERKÖCHE & IHRE REZEPTE

PAUL MERCURIO
BIER-TRADITIONALIST
MORNINGTON, AUSTRALIEN

IM ZARTEN ALTER VON 14 JAHREN TRAT PAUL MERCURIO ERSTMALS IN EINER AUSTRALISCHEN KINDERSENDUNG ALS FERNSEHKOCH AUF. DAMALS STELLTE ER DEN ULTIMATIVEN »NACH-DER-SCHULE-SNACK« VOR, DEN ER ANGESICHTS SEINES ALTERS NATÜRLICH OHNE BIER ZUBEREITETE, WIE ER BETONT.

Aus seinem anfänglichen Interesse am Kochen wurde sehr bald eine Profession. Schon als Teenager half Mercurio in Lebensmittelgeschäften aus, und als ihn sein Beruf als Tänzer nach Frankreich, Korea, China und in die USA führte, gab es kein Halten mehr. Zudem entdeckte er bei dieser Gelegenheit auch sein Interesse am Kochen mit Bier. »Oft war das Bier gar nicht so gut«, erinnert er sich, »es ging mehr um die Erfahrung, etwa *Stella* zu Muscheln in Brüssel oder Lager zu Koteletts auf einem Berggipfel in Griechenland.«

NACHDEM SEINE FRAU IHM 1988 SEIN ERSTES HEIM-BRAUSET GESCHENKT HATTE, WAR PAUL ERST RECHT AUF DEM »BIER- UND KOCHTRIP«. »BEIM HEIMBRAUEN WURDE MIR KLAR, DASS DIE BIERHERSTELLUNG IRGENDWIE AUCH EINE FORM VON KOCHEN IST. INSOFERN LAG ES NAHE, BIER NICHT NUR ZU TRINKEN, SONDERN AUCH ZUM KOCHEN ZU VERWENDEN.«

Paul ist zwar kein gelernter Koch, doch sein guter Ruf als erfolgreicher Tänzer, Choreograph, Schauspieler und TV-Promi, gepaart mit seiner Leidenschaft für gutes Essen und Bier, verhalf seinen beiden Kochbüchern zum Erfolg. Sein 2011 erschienenes Cooking with Beer schickte er mir 2013 spontan zu, quasi als Visitenkarte. Von den darin enthaltenen Rezepten beeindruckt, wollte ich mehr über den Autor erfahren, und so entstand eine E-Mail-Freundschaft zu einem Mann, der sich selbst nicht als Promikoch bezeichnet, sondern einfach nur als »ein Typ, der gern kocht«.

Genauso einfach sind auch Pauls Ratschläge an andere, die es mit der Bierküche versuchen möchten. »Einfach ausprobieren«, lautet sein Tipp, »denn am besten lernt man aus Erfolgen und Misserfolgen.«

»Mein ultimativer Tipp: Wenn dein Gericht wie das im Rezept verwendete Bier schmeckt, hast du etwas falsch gemacht.« So die vielleicht überraschende Meinung des ehemaligen Tänzers. »Bier ist lediglich eine Zutat und sollte sich harmonisch in das Rezept einfügen. Manchmal möchte man es etwas mehr betonen, manchmal eher dezent im Hintergrund halten. Gerade diese subtilen Geschmacksnuancen sind das Spannende an der Bierküche.«

Paul hat einen insgesamt bodenständigen Ansatz. »Meine Speisekarte richtet sich nach dem Wetter. Im Sommer Fisch und Meeresfrüchte, Grillgerichte, asiatische Speisen und die dazu passenden Biere wie Pils, Hefeweizen, hellgoldene Biere, Saisonbiere etc. In der kälteren Jahreszeit dagegen mediterrane Gerichte wie Risotto, Eintöpfe, langsam Gegartes und dazu dunkle Starkbiere, hopfige Ambers, Stouts, belgische Tripels und Ähnliches.

Insgesamt ist Paul ein überzeugter Anhänger der australischen Bierkultur, der gerne betont, dass es bei der Kombination von Bier und Essen keine verbindlichen Regeln gibt. Er selbst trinke gern ein Pils im Winter und einen Imperial Stout im Sommer.

»Ich liebe die australische Lebensart: gutes Bier und gutes Essen, das man zusammen mit der Familie oder Freunden genießt.«

GEGENÜBER: Paul Mercurio war ursprünglich Tänzer. Nach der Entdeckung der faszinierenden Welt der Biere machte er die Bierküche zu seinem zweiten Beruf.

MUSCHELN IN KOKOSNUSS-BIER-SAUCE

DER AUSTRALISCHE KOCH PAUL MERCURIO TEILT MEINE BEGEISTERUNG FÜR MUSCHELGERICHTE. SEIN TIPP, DER AUCH MIR BIS DATO UNBEKANNT WAR: SEHR FRISCHE MUSCHELN ENTHALTEN NOCH VIEL MEERWASSER. DER SUD IST DAHER OFT SALZIGER ALS MAN DENKT UND MAN KANN IHN NACH BELIEBEN MIT WASSER VERDÜNNEN.

ALS HAUPTGERICHT FÜR 2 PERSONEN (ALS VORSPEISE FÜR 4 PERSONEN)

1 kg frische Muscheln
2 EL kalt gepresstes Olivenöl
2 Knoblauchzehen, geschält und gehackt
1 kleine rote Chilischote, fein gehackt
330 ml Weizenbier belgischer Brauart
20 g Butter
1 grüne Chilischote, fein gehackt
2,5 cm frischer Ingwer, geschält
1 Stängel Zitronengras
1 chinesische Aubergine (dünn und länglich), der Länge nach halbiert und in Scheiben geschnitten
75 g Erbsen
6 Kaffir-Limettenblätter
ohne Stängel, fein geschnitten
230 ml Kokosmilch
60 ml Kokosnusscreme
1 TL Fischsauce
1 Bund frischer Koriander, gehackt

ZUBEREITUNG

1. Die Muscheln waschen und putzen (offene Muscheln aussortieren und wegwerfen). In einem Sieb abtropfen lassen und beiseite stellen.

2. In einem ausreichend großen Topf 1 Esslöffel Olivenöl bei mittlerer Temperatur erhitzen. Die Hälfte des Knoblauchs und die rote Chilischote hinzugeben und 1–2 Minuten anbraten. Mehrmals umrühren, damit der Knoblauch nicht verbrennt. Die Hitze hochschalten, die Muscheln und ein Drittel des Bieres hinzufügen. Bei geschlossenem Deckel aufkochen lassen. Kochen, bis sich alle Muscheln geöffnet haben (etwa 3–5 Minuten). Dabei den Topf kräftig schütteln, damit die Muscheln gleichmäßig garen (nicht den Deckel anheben, da sich sonst der Garprozess verlängert).

3. Sobald massiv Dampf austritt, sind die Muscheln gar. Wenn sich alle oder die meisten Muscheln geöffnet haben, den Topf vom Herd nehmen und die Muscheln durch ein Sieb abgießen (den Kochsud in einer großen Schüssel auffangen).

4. Den Topf zurück auf den Herd stellen, die Butter und das restliche Olivenöl hinzugeben. Die Butter aufschäumen lassen, dann unter Rühren den restlichen Knoblauch und die grüne Chilischote untermengen. Den Ingwer mit einem Messer zerdrücken und ebenfalls in den Topf geben. Die Schale des Zitronengrasstängels entfernen, bis der helle untere Teil sichtbar wird. Diesen mit einem scharfen Messer vierteln und dann mit einem Messer zerdrücken, um die Fasern aufzubrechen (so kann sich das Aroma besser entfalten). In den Topf geben. Die Aubergine zusammen mit den Erbsen und den Kaffir-Limettenblättern hinzufügen. Gut umrühren und rund 5 Minuten kochen, bis die Aubergine gar ist.

5. Das restliche Bier sowie die Kokosmilch, Kokosnusscreme und Fischsauce hinzufügen und aufkochen lassen. Die Muscheln im Sieb beiseite stellen. Den Muschelsud zur Entfernung von Sand und Schalenteilchen durch ein Haarsieb streichen, in den Topf geben, kurz aufkochen lassen und dann bei schwacher Hitze einige Minuten köcheln lassen. Die Muscheln hinzugeben und einmal durchrühren, damit sich der Sud verteilen kann. 2 Minuten köcheln lassen.
6. Die Muscheln und die Sauce auf zwei tiefe Teller oder Essschalen verteilen und mit frischem Koriander garniert servieren. Frisches Brot dazu reichen, damit der der Sud aufgetunkt werden kann.

DAZU PASST:

Ein mildes, hopfiges Kölsch, das der Sauce die Schärfe nimmt, ohne den Geschmack der Muscheln zu überdecken.

DAVID MCMILLAN
VOM WEIN ZUM BIER

MEDDLESOME MOTH, DALLAS, TEXAS, USA

MIT ZUNEHMENDER BELIEBTHEIT SETZTEN SICH CRAFT-BIERE IN DEN 1980ER- UND 1990ER-JAHREN IM PAZIFISCHEN NORDWESTEN SOWIE IN NORDKALIFORNIEN UND GROSSEN TEILEN NEW ENGLANDS SEHR VIEL SCHNELLER DURCH ALS IN ANDEREN REGIONEN DER USA. DIE SÜDSTAATEN GEHÖRTEN ZU DENEN, DIE ALS LETZTE AUF DEN ZUG AUFSPRANGEN.

Eine kleine Bierkneipen-Kette namens Flying Saucer kämpfte beharrlich gegen das geringe Interesse Amerikas an charaktervollen Bieren an. Die in Texas, Arkansas und Tennessee vertretene Kette hatte schon bald eine eingeschworene Fangemeinde, die sogenannten »beer knurds«, und etablierte sich in den Südstaaten als wahrer Craft-Bier-Pionier.

Nach der Jahrtausendwende setzte das Management der Saucers-Kette, insbesondere Bier-Guru Keith Schlabs, im Rahmen einer Neuorientierung auf raffinierte gehobene Bierküche. Umgesetzt wurde diese Idee im Meddlesome Moth in Dallas, Texas, mit Küchenchef David McMillan.

Bereits bei meinem ersten Besuch war ich von Davids Speisekarte beeindruckt. Bei ihm gab es tagsüber raffinierte Varianten typischer Bargerichte wie Burger oder Fleischpasteten in Blätterteig und abends Brasserie-Küche à la Steak tartare und Kalbsbries. Endgültig hin und weg war ich, als ich später einmal zu einem Bier-Dinner ins Moth einlud.

In Berkeley, Kalifornien, aufgewachsen, stieß David zunächst als Berater zum Moth-Team hinzu. Er war sich nämlich nicht sicher, ob er als Küchenchef mit seiner unkonventionellen Küche ankommen würde. Seine Zweifel erwiesen sich jedoch als unbegründet, und fortan hatte David seinen festen Platz in der Küche.

Rückblickend bezeichnet David seinen Wechsel zum Meddlesome Moth als Sprung ins kalte Wasser. Er war zwar schon seit Langem passionierter Biertrinker, hatte aber dank seiner Aufenthalte in Frankreich und Nordkalifornien vor allem mit Wein Erfahrung. Ob sich diese 1:1 auf Bier übertragen ließ, wusste er nicht, doch auch diese Zweifel erwiesen sich als unberechtigt.

»ES WAR ZWAR EINE UMSTELLUNG, DENNOCH ERWIES SICH MEIN WEINWISSEN ALS SEHR NÜTZLICH«, ERINNERT SICH DAVID. »DAS IST WIE IN DER MUSIK: WER NOTEN LESEN KANN, KANN JEDE ART VON MUSIK MACHEN, WEIL ER DIE GRUNDLAGEN BEHERRSCHT.«

Darüber hinaus sind auch Harmonien und Kontraste beim Bier ähnlich wie beim Wein. Hat man die verschiedenen Biersorten erst einmal kennengelernt, weiß man, dass es für ihre Verwendung, ob als Zutat oder Begleiter zum Essen, durchaus Parallelen zum Wein gibt. »Da diese Parallelen bei den momentan sehr beliebten Saison- oder Farmhouse-Bieren am größten sind, empfehle ich gerade sie Weintrinkern gern als Einstieg in die Welt der Biere. Wer erst einmal gemerkt hat, wie ähnlich die Geschmacksrichtungen sind, steigt meist schnell auf Bier um.«

In der Küche verwendet David nicht nur Bier, sondern auch die einzelnen Bierzutaten. Er hat das Glück, einen Brauzubehörladen ganz in der Nähe zu haben. Dort kauft er immer mal wieder verschiedene Hopfen- und Getreidesorten oder auch andere Zutaten, mit denen er dann in der Küche experimentiert. Seine jüngste Entdeckung ist Malzsirup. »Malzsirup verwende ich gern für Saucen und Glasuren. Dafür bereite ich zunächst einen Fond zu, in den ich dann den Malzsirup einrühre. Malzsirup verleiht dem Gericht nämlich Tiefe.«

GEGENÜBER: David McMillan zaubert eine seiner kulinarischen Kreationen im Meddlesome Moth in Dallas, Texas.

KAMMMUSCHELN MIT ZUCKERMAIS & BARLEY WINE-TAPIOKA

DIESE RAFFINIERTE VARIANTE EINES TYPISCHEN SÜDSTAATENGERICHTS STAMMT VON DAVID MCMILLAN (MEDDLESOME MOTH, DALLAS, UND BIRD CAFÉ, FORTH WORTH).

ALS VORSPEISE FÜR 4 PERSONEN

- 1 Zuckermaiskolben
- 2 TL Butter, plus 1 EL extra
- 120 ml Sahne
- 2 Eiweiß
- 2 EL Zucker
- 2 EL schnellgarende Tapioka
- Salz und weißer Pfeffer
- 120 ml Milch
- 120 ml mildes Barley Wine
- 1 TL Vanille
- 2 Eigelb
- 300 g Kammmuscheln, geputzt
- frische Blätter von einem Stangensellerie

ZUBEREITUNG

1. Die Maiskörner vom Kolben lösen und in einer großen Pfanne mit 2 TL Butter goldbraun anbraten, dann in der Küchenmaschine (oder mit dem Stabmixer) zusammen mit der Sahne pürieren (bei Bedarf mit weiterer Sahne verdünnen) und beiseite stellen.
2. Die Eiweiße in einer Schüssel schaumig aufschlagen. Nach und nach 1 Esslöffel Zucker einrieseln lassen und alles zu festem Eischnee schlagen, dann beiseite stellen.
3. In einer mittelgroßen Pfanne bei mittlerer Hitze den restlichen Zucker mit der Tapioka sowie Salz und Pfeffer vermischen. Milch, Barley Wine, Vanille und Eigelbe hinzugeben. Bei mittlerer Hitze 10–15 Minuten unter ständigem Rühren zum Kochen bringen.
4. Die Pfanne vom Herd nehmen und den Maisbrei unter das Tapioka-Gemisch rühren. Vorsichtig den Eischnee unterheben, dann noch warm beiseite stellen.
5. In einer Schwenkpfanne bei mittlerer Hitze 1 Esslöffel Butter zerlassen. Sobald die Butter goldbraun ist, die Muscheln hinzugeben und auf dem Pfannenboden verteilen. Nach 45 Sekunden die Pfanne schütteln, damit die Muscheln gleichmäßig garen. Eine Minute braten und nach Belieben mit Salz und Pfeffer abschmecken (nicht nachgaren lassen, sofort servieren).
6. Vor dem Servieren eine großzügige Portion der Mais-Tapioka-Mischung auf jeden Teller geben und eine Mulde in die Mitte drücken. Die Muscheln in vier gleich große Portionen aufteilen, mit einem Löffel in den Mulden platzieren, mit Sud übergießen und mit ein paar zarten Sellerieblättern garnieren.

DAZU PASST:

Ein mildes Bier wie beispielsweise ein Weizenbier belgischer Brauart.

KÜRBIS-STOUT-GRITS

KÜRBIS, MILK STOUT UND SAHNE VERLEIHEN DIESEM GERICHT VON DAVID MCMILLAN, DAS IM MEDDLESOME MOTH IN DALLAS UND IM BIRD CAFÉ IN FORT WORTH, TEXAS, AUF DER SPEISEKARTE STEHT, SEINEN BESONDEREN PFIFF.

225 g Kürbis, gebacken und dann geschält und entkernt

175 ml Milk Stout
150 g Grits (oder Polentagrieß)

Salz und Pfeffer nach Belieben

Crème double nach Belieben

ZUBEREITUNG

1. Das gebackene Kürbisfleisch pürieren und beiseite stellen.
2. Den Stout zusammen mit 480 ml Wasser in einen ausreichend großen Topf geben und bei mittlerer Temperatur erhitzen, aber nicht kochen. Das Grits (oder den Polentagrieß) einrühren. Unter Rühren erhitzen, bis der Brei geschmeidig und homogen ist. Bei Bedarf Wasser untermengen.
3. Vom Herd nehmen und das Kürbispüree unterrühren. Nach Belieben salzen, pfeffern und mit Crème double verfeinern. Wieder auf die Herdplatte stellen und bis zum Servieren warm halten.

DAZU PASST:

Ein würziges Dubbel oder ein würzig-malziges, obergäriges Bier, das den Geschmack in harmonischer Weise ergänzt, zumindest wenn das *Kürbis-Stout-Grits* als Beilage zu gegrilltem oder gebratenem Schweine-, Rind- oder anderem herzhaften Fleisch serviert wird.

SALVATORE GAROFALO

BIERPIONIER UND TRADITIONALIST

LA RATERA, MAILAND, ITALIEN

ITALIENS CRAFT-BIER-BRAUER GINGEN VON ANFANG AN IN EINE BESONDERE RICHTUNG. DA DAVON AUSZUGEHEN WAR, DASS SICH DIE WEINNATION OHNEHIN SCHWERTUN WÜRDE MIT GESCHMÄCKERN JENSEITS DER ITALIENISCHEN STANDARDBIERE – IM WESENTLICHEN HELLES, DOPPIO MALTO UND KÖRPERARMER DOPPELBOCK –, KONZENTRIERTEN SIE SICH VOR ALLEM AUF DIE TISCHKULTUR UND FANDEN HIER IHRE NISCHE.

Das führte dazu, dass die italienische Craft-Bier-Kultur heute ein ganz eigenes Profil hat: außergewöhnliche Flaschen, Biere, die zu vielem passen, und elegante Gläser. Dennoch ist die Bierküche aus unerfindlichen Gründen nicht so beliebt wie »la birra artigianale«.

Einzige Ausnahme ist das Mailänder Restaurant La Ratera. Auswahl und Qualität der Biere lassen hier keine Wünsche offen, und in den Händen des begnadeten Küchenchefs Salvatore Garofalo ist man mehr als gut aufgehoben.

Nach seiner Zusammenarbeit mit einigen der großen Mailänder Starköche wie Gualtiero Marchesi, Sergio Mei und vielen anderen verschlug es Garofalo ins La Ratera, wo er nach eigener Aussage anfing, ernsthaft mit Bier zu experimentieren.

»Vor meiner Tätigkeit im La Ratera beschränkte sich meine Erfahrung mit Bier auf einige wenige Eigenkreationen. Das Potenzial von Bier in der Küche hatte ich immerhin schon erkannt«, erinnert er sich. »Die Wende kam, als ich Marco Rinaldi kennenlernte, den damaligen Besitzer des La Ratera. Wir setzten nicht nur Gerichte auf die Speisekarte, die gut zu Bier passten, sondern auch solche, die mit Bier zubereitet wurden.«

Salvatores Einstieg in die Bierküche war derart intensiv, dass er heute bei jedem neuen Bier, das er probiert, sofort überlegt, wie er es in der Küche verwenden könnte. Als Bierkoch ist er eine der ersten Adressen. Nicht umsonst empfahl mir der Bierjournalist Maurizio Maestrelli sofort das La Ratera, als ich ihn fragte, wo es in Italien die beste Bierküche gäbe.

»Kochen mit Bier bietet schier unglaubliche Möglichkeiten, mehr als Wein, wenn man bedenkt, wie viele verschiedene Bierstile es gibt«, sagt Garofalo. »Kochen mit Bier ist ein Prozess, eine lange Reise, auf der es sehr viel Neues und Schönes zu entdecken gibt.«

Trotz allem ist Salvatore ein sehr traditionsbewusster Koch. Für ihn gehören Gerichte wie *Risotto alla Milanese* oder *Busecca* nicht dem Küchenchef, sondern sind »Teil der Geschichte und der Tradition eines Volkes«. Bei diesen Gerichten gibt es für ihn daher keine Experimente, auch wenn er sonst gern und viel mit Bier kocht.

»ICH LIEBE DIE KONTRASTE, DIE MAN MIT LAMBIC IN VORSPEISEN, WILDGERICHTEN ODER AUCH SÜSSSPEISEN ZAUBERN KANN«, BEGEISTERT SICH SALVATORE. »AUCH WEIZENBIER BIETET UNGEAHNTE MÖGLICHKEITEN: FISCHGERICHTE MIT WEISSBIER, SCHWEINEFLEISCH MIT WEIZENBOCK ODER GEMÜSESAUCEN AUF HEFEWEIZENBASIS ZU PASTAGERICHTEN.«

GEGENÜBER: Salvatore Garofalo hat die Liebe zur Bierküche tief verinnerlicht. Bei jedem neuen Bier, das er probiert, überlegt er, was er damit kombinieren könnte.

BACCALÀ MIT MUSCHEL-COUSCOUS

SALVATORE GAROFALO IST KÜCHENCHEF IM LA RATERA. ER WAR EINER DER ERSTEN, DIE IN ITALIEN AUF DER SPEISEKARTE UND IN DER KÜCHE MIT BIER EXPERIMENTIERTEN. DIESES VERFÜHRERISCHE REZEPT ZEUGT VON SEINEM TALENT UND SEINER BEGEISTERUNG.

FÜR 4 PERSONEN

½ kg Venusmuscheln
etwas Olivenöl, plus etwas kalt gepresstes Olivenöl extra zum Beträufeln
3 Knoblauchzehen
1 kleines Bund frische Petersilie, gehackt
ein paar Blätter frischer Zitronenthymian
500 ml Weizenbier belgischer Brauart
100 g Couscous
1 TL Garam Masala
Salz und Pfeffer
1 Stange Lauch, gewaschen und fein geschnitten
1 Karotte, gewürfelt
½ rote Paprika, entkernt und gewürfelt
½ gelbe Paprika, entkernt und gewürfelt
1 Zucchini, gewürfelt
800 g Stockfisch, gewässert und entsalzt (mehrmals das Wasser wechseln), dann abgegossen
ein paar Zweige frischer Dill, grob gehackt

1. Die Muscheln 2–3 Stunden in Salzwasser legen, danach gut spülen.
2. Eine Pfanne mit etwas Olivenöl auf mittlerer Hitze erwärmen und den Knoblauch darin anbraten. Erst Petersilie und Thymian, dann die Muscheln und 200 ml des Bieres hinzufügen, umrühren und bei geschlossenem Deckel dünsten, bis sich die Muscheln öffnen.
3. Die Muscheln mit einer Schaumkelle aus der Pfanne heben und beiseite stellen. Den Sud durch ein Haarsieb streichen und ebenfalls beiseite stellen.
4. In einer Schüssel das Couscous mit dem Garam Masala vermischen, salzen, pfeffern und 10 Minuten in 120 ml Wasser quellen lassen. Den letzten Schritt zwei Mal wiederholen, beim letzten Mal mit 60 ml Wasser.
5. Eine Pfanne auf mittlerer Hitze vorwärmen, 1 TL Olivenöl, das gewürfelte Gemüse und eine Prise Salz hineingeben und bei geschlossenem Deckel in etwa 5 Minuten bissfest garen.
6. Das Couscous unterrühren und 5 Minuten dünsten, dann mit dem Gemüse, dem Muschelsud und einem Schuss Olivenöl vermischen und warm stellen.
7. Den Stockfisch in 12 Stücke schneiden. Eine Pfanne mit Olivenöl auf mittlerer Hitze erwärmen. Den Fisch, das restliche Bier und den Dill hineinlegen und bei geschlossenem Deckel und moderater Hitze in etwa 5 Minuten garen. Die Muscheln hinzugeben und erhitzen.
8. Das Couscous auf vier Teller verteilen und je drei Fischstücke und ein Viertel der Muscheln darauf anrichten. Mit ein paar frischen Kräutern garnieren und mit etwas Olivenöl beträufelt servieren.

DAZU PASST:

Porter mit sehr leichtem Körper. Die größte geschmackliche Harmonie dürfte aber wohl mit einem Schwarzbier zu erreichen sein.

MITCHELL ADAMS

ESSEN, BIER, CIDER & PUBKULTUR

THE BULL, LONDON, ENGLAND

MITCH ENTDECKTE SEINE BEGEISTERUNG FÜR NICHTBRITISCHE BIERE UM 2004. DAMALS ARBEITETE ER IN EINEM PUB, DER NEBEN KLASSISCH BRITISCHEM BITTER UND STOUT AUCH BELGISCHE, DEUTSCHE UND ANDERE EUROPÄISCHE BIERE AUF DER KARTE HATTE. DER BESUCH EINES BEER&FOOD-PAIRING-EVENTS WAR DANN »DER ENDGÜLTIGE AUSLÖSER«, SAGT ER.

Sein Faible für das Kombinieren von Bier und Speisen trat so richtig zutage, als er für The Flask in Highgate, London, arbeitete, damals unter Andrew Cooper, dem heutigen Eigentümer der Wild Beer Company. »Andrew war viel weiter als ich. Also haben wir gemeinsam herumprobiert«, erinnert sich Mitchell.

HEUTE IST MITCH DER WIRT VOM THE BULL, EINEM PUB MIT EIGENER BRAUEREI, NICHT MAL EINEN KILOMETER VON THE FLASK ENTFERNT. DAS SOLL ABER NICHT HEISSEN, DASS ER NAHTLOS VON EINEM PUB INS NÄCHSTE WECHSELTE.

»Zwischendurch habe ich in anderen Pubs gearbeitet, zuletzt im Thatcher's Arms in Mount Bures«, erzählt er mir bei einem Bier im The Bull. »Das war nur ein kleiner Dorf-Pub, aber selbst dort haben wir Bier-Dinner und -verkostungen organisiert, so vier bis fünf pro Jahr, in der Regel für die Einheimischen. Viele kamen aus Neugier, doch am Ende waren die meisten überzeugt.«

Mir ist aufgefallen, dass Mitch seit seinem Wechsel zu The Bull eine ambitioniertere Bierkarte hat: Neben den traditionellen britischen Real Ales stehen hier 60 bis 70 verschiedene britische, amerikanische und belgische Biere zur Auswahl. Die Real Ales empfiehlt Mitch meist zu typischen Pub-Gerichten wie Fish & Chips, Rumpsteak und Ähnlichem. Für ausgefallenere Speisen hat er aber auch ausgefallenere Biere zu bieten. »Besonders Fischgerichte lassen sich gut mit unseren belgischen und auch einigen amerikanischen Bieren kombinieren. Unsere Mitarbeiter werden entsprechend geschult, um die Gäste auf Wunsch fachkundig zu beraten«, erzählt er.

Insgesamt geht er ziemlich entspannt an die Sache heran, weil er der Meinung ist, dass die meisten Biere eigentlich gut mit allem harmonieren. »Wer jedoch auf der Suche nach einer einzigartigen Erfahrung ist«, so Mitch, »sollte auf die richtige Paarung achten.«

»Richtig« heißt in diesem Fall entsprechend den anerkannten Kombinationsregeln, nach geografischen Gesichtspunkten – oder Herkunft, wie Mitch es nennt – oder auch nach persönlichen Erfahrungswerten.

»Manchmal passt ein Käse zum Bier, weil er vom selben Unternehmen produziert wird wie das Bier. Siehe *Chimay*. Und so manches Bier, das einem im Urlaub noch hervorragend geschmeckt hatte, verliert zu Hause seinen Reiz«, sagt Mitch. »Wie uns ein Bier oder auch ein Essen schmeckt, ist immer auch eine Frage der Umgebung und des Augenblicks.« Es gibt Rahmenbedingungen (sei es die Location, die Stimmung oder die Musik), die selbst die gelungenste Kombination nicht zur Geltung kommen lassen.

GEGENÜBER OBEN LINKS UND RECHTS: Seit Mitch Adams von Essex nach London gezogen ist, setzt er alles daran, The Bull zur ersten Adresse für alle Liebhaber charaktervoller Biere und feiner Küche zu machen.

GEGENÜBER UNTEN: The Bull ist ein vielbesuchtes Londoner Pub im Herzen von Highgate, mit einer gut sortierten Bierkarte.

ÜBER HOPFEN GERÄUCHERTER LACHS MIT BIER-SAUCE HOLLANDAISE

WER EINEN RÄUCHEROFEN SEIN EIGEN NENNT, KANN MIT DIESEM LACHSGERICHT AUS DEM LONDONER PUB THE BULL EIN DELIKATES ABENDESSEN MIT HOPFENNOTE ZAUBERN.

FÜR 2 PERSONEN

Für den Lachs
3 Beutelchen Earl Grey Tee
30 g ganze Hopfendolden*
2 Lachsfilets à 180 g

Für die Sauce
3 Eigelb
2 TL Weißweinessig

3 EL Golden Pale Ale oder leicht hopfiges IPA
200 g Butterschmalz

* Möglichst frische Hopfendolden verwenden, erhältlich entweder bei einem Brauer vor Ort oder in einem Brauzubehörladen. Nicht im Bioladen kaufen, weil der dort zur Teezubereitung verkaufte Hopfen manchmal schon etwas alt und »käsig« ist. Gut geeignet sind Citra- und Cascade-Hopfen.

ZUBEREITUNG

1. Den Ofen auf 190 °C (Gasherd Stufe 5) vorheizen.
2. Die Teeblätter (ohne die Teebeutel) auf dem Boden eines Tischräucherofens (oder eines schweren Topfes mit Dünsteinsatz und Deckel) verteilen. Die Teeblätter bei mittlerer Hitze zum Räuchern bringen, die Hopfendolden hinzufügen und nun möglichst schnell den Lachs einlegen (die Lachsfilets auf Pergamentpapier auf den Räucher- oder Dünsteinsatz legen). Den Deckel schließen und 2 Minuten lang räuchern lassen.
3. Den Lachs herausnehmen, auf dem Backpapier in den Ofen legen und 6–7 Minuten garen, bis das Fleisch fest, aber noch saftig ist.
4. Während der Fisch gart, die *Bier-Sauce-Hollandaise* zubereiten: Hierfür in einem Wasserbad bei mittlerer Hitze oder in einer Rührschüssel über einem Topf mit siedendem Wasser die Eigelbe mit dem Essig und dem Bier verrühren. Vom Herd nehmen und dann das Butterschmalz unterrühren.
5. Die Lachsfilets auf Tellern anrichten und vor dem Servieren mit etwas Sauce übergießen.

DAZU PASST:

Ein trockenes bis halbtrockenes Porter. Zu etwas Besonderem wird dieses Gericht mit einem nicht zu röstigen Porter oder Stout, vorzugsweise aus demselben Hopfen gebraut, der zum Räuchern des Fisches verwendet wurde.

IN CRAFT-BIER GEBACKENE BOHNEN AUF GETOASTETEM BIERTREBERBROT

BAKED BEANS SIND IN ENGLAND SEHR BELIEBT. BEI DIESEM GERICHT AUS DEM PUB THE BULL WERDEN DIE IN BIER GEBACKENEN BOHNEN AUF BIERTREBERBROT SERVIERT.

ALS HAUPTGERICHT FÜR 4 PERSONEN

Für das Brot
20 g Hefe
200 ml Milch
60 g Butter
90 g Zucker
20 g Salz
230 ml Apfelsaft
20 g Malzextrakt
350 g Treber, plus 2 EL extra zum Garnieren*
230 g Vollkornmehl
1 kg Brotmehl
etwas Olivenöl
1 Ei, verquirlt

Für die Bohnen
1 Dose (400 g) weiße Bohnen
1 Dose (400 g) Limabohnen
1 Dose (400 g) stückige Schältomaten
1 TL geräuchertes Paprikapulver
200 g brauner Zucker
160 ml Rotweinessig
240 ml dunkles, würziges obergäriges Bier (beispielsweise Kürbisbier)

*Bei Treber handelt es sich um die beim Brauen anfallenden ausgelaugten Malzrückstände. Am besten einen Brauer um ein paar Tassen Treber bitten. Vor dem Abwiegen trocknen lassen.

ZUBEREITUNG

FÜR DAS BROT

1. Die Hefe in eine Schüssel mit 200 ml warmem Wasser bröckeln und auflösen.
2. In einer Pfanne Milch und Butter auf mittlerer Hitze erwärmen, bis die Butter schmilzt. Vom Herd nehmen. Zucker, Salz, Apfelsaft und Malzextrakt unterrühren. Sobald die Hefe Blasen wirft, das Milch-Apfelsaft-Gemisch, den Treber und das Vollkornmehl mit der in Wasser gelösten Hefe verrühren. Den Teig von Hand oder mit einem Rührgerät (Knethaken) etwa 6–7 Minuten durchkneten und dabei nach und nach das Brotmehl einarbeiten, bis sich der Teig vom Schüsselrand löst.
3. Den Teig in eine mit Olivenöl eingefettete Schüssel geben, mit Frischhaltefolie oder einem feuchten Küchenhandtuch abdecken und 30–60 Minuten gehen lassen, bis sich das Volumen verdoppelt hat.
4. Teig in zwei gleich große Stücke teilen und Laibe daraus formen.
5. Die Laibe auf ein eingefettetes Backblech legen, mit dem verquirlten Ei bestreichen und den restlichen Treber darüberstreuen. Den Teig nochmals gehen lassen, bis sich das Volumen verdoppelt hat.
6. Den Ofen auf 160 °C C (Gasherd Stufe 3) vorheizen. Die beiden Brote 45 Minuten lang im Ofen backen. Um eine Garprobe zu machen, auf den Boden der Brote klopfen (es sollte hohl klingen, wenn sie fertig sind). Auf einem Backgitter abkühlen lassen.

FÜR DIE BOHNEN

7. Den Ofen auf 120 °C (Gasherd Stufe 1/2) vorheizen.
8. Alle Zutaten in einer feuerfesten Form sorgfältig miteinander vermischen. Mit einem Deckel oder

Alufolie abdecken und 3 Stunden lang im Ofen backen. Von Zeit zu Zeit umrühren und bei Bedarf noch mehr Bier hinzufügen. lassen.

ZUM SERVIEREN

9 Das Brot in Scheiben aufschneiden und toasten. Auf jede Scheibe eine großzügige Portion der gebackenen Bohnen geben uns servieren. Bei diesem Gericht kann man nichts falsch machen. Außerdem passt es zu fast jedem Bier.

DAZU PASST:

Nahezu jedes Bier. Wer auf Nummer sicher gehen will, serviert dazu Malzbier oder Porter.

ALAIN FAYT

TRADITIONALIST JENSEITS DES MAINSTREAMS

RESTOBIÈRES, BRÜSSEL, BELGIEN

DAS ERSTE, WAS EINEM BEIM BETRETEN VON ALAIN FAYTS RESTOBIÈRES IM SÜDEN DES BRÜSSELER STADTZENTRUMS AUFFÄLLT, IST DIE VIELFALT AN KOCHZUBEHÖR AN DEN WÄNDEN UND AN DER DECKE: VON ANTIKEN KAKAO- UND MEHLDOSEN BIS HIN ZU KÜCHENSIEBEN ALLER GRÖSSEN UND MATERIALIEN.

»Das ist Geschichte«, sagt der Küchenchef und zeigt auf all die Gefäße, in denen einst Bouillon, Gewürze und Spezialmehle aufbewahrt wurden, »und daher wichtig.«

Traditionsbewusst ist er zweifellos, denn seine zwei Steckenpferde sind traditionelle belgische Cuisine à la bière und flämische Esskultur, und das merken die Gäste des Restobières bei jedem Bissen. Trotzdem ist Alain alles andere als rückständig, denn auch wenn sein Herz an der guten alten Zeit hängt, betrachtet er die Bierküche als einen »Prozess«.

GASTRO-TIPP
»DER BESUCH IM RESTOBIÈRES IN BRÜSSEL WAR EIN UNVERGESSLICHES ERLEBNIS: DAS BIER, DAS ESSEN, DIE LEUTE, DIE GASTFREUNDLICHKEIT DES WIRTES UND SEIN KONTAKT ZU DEN GÄSTEN. ICH HOFFE, DAS WAR NICHT DAS LETZTE MAL.«
Luke Nicholas, Inhaber von Epic Brewing, Neuseeland

Alain träumte bereits Ende der 1970er-Jahre von seinem eigenen Bierrestaurant. Dieser Traum ging 1982 in Erfüllung, als er eine kleine Bierstube eröffnete, den Vorgänger seines heutigen um einiges größeren Restobières. Damals bewirtete er Gäste nur nach vorheriger Anmeldung, während er gleichzeitig einen expandierenden, auf flämische Küche spezialisierten Catering-Service betrieb. Das war auch die Zeit, in der ich erstmalig Bekanntschaft mit Alains fantasievollen Biergerichten machte. Einfach beeindruckend, was er Tag für Tag auf den Tisch zauberte.

»Hier in Belgien brauchen wir nicht über Bierküche nachzudenken«, sagt Alain, »wir machen sie einfach.«

Ein typisches Beispiel dafür ist sein *Waterzooi*, ein typisch flämisches Gericht aus Gemüse und Huhn oder Fisch. Fayt verwendet stattdessen Entenkeule und herzhafte Hausmacherwürste, letztere mit dem Aroma eines mit Koriander gewürzten belgischen Triple namens La Chouffe.

»Bier ist ›in‹, und immer wieder entstehen neue Trends«, erklärt Alain. »Ich persönlich koche allerdings am liebsten mit Lambic und Gueuze.«

Dabei fällt ihm ein Lambic ein, das so gut war, »dass nichts davon im Essen, sondern jeder einzelne Tropfen in meinem Glas landete.« Alain erklärt, dass das eher säuerliche Lambic der ideale Begleiter der flämischen Küche sei, in der viel mit Zucker und Essig gekocht wird. »Die heutigen Biere sind zum Teil so bitter, dass sie sich kaum zum Kochen eignen, weil der Sud beim Reduzieren zu bitter wird.« Damit meint er vor allem IPAs, die sich mittlerweile auch im Land der malzbetonten Biere immer größerer Beliebtheit erfreuen. »Bei Lambic und Gueuze gibt es dieses Problem nicht.«

GEGENÜBER OBEN: Was dem Gast in Alain Fayts Restobières in Brüssel sofort ins Auge sticht, sind die Vielfalt des Kochzubehörs und die gemütliche Dekoration.

GEGENÜBER UNTEN: Fayt sammelte im Laufe der Zeit zahllose belgische Bierflaschen, die nun auf Regalbrettern vor den Fenstern das ins Restaurant fallende Licht brechen und für besonderes Flair sorgen.

CARBONNADES DE BŒUF À LA FLAMANDE

BEKANNTLICH WERDEN EINTÖPFE MIT JEDEM AUFWÄRMEN BESSER. DAHER EMPFIEHLT ALAIN FAYT, KÜCHENCHEF UND BESITZER DES RESTOBIÈRES IN BRÜSSEL, DIESES GERICHT EINEN TAG VORAB ZUZUBEREITEN. DIE MARINADE MÜSSTE DEMENTSPRECHEND ZWEI TAGE VORHER ANGESETZT WERDEN.

FÜR 8 PERSONEN

- 2,5 kg Rinderbäckchen
- 4 Flaschen belgisches Rotbier à 330 ml
- 1 Bouquet Garni (Thymian, Basilikum, Rosmarin und Lorbeerblätter zu einem Sträußchen zusammenbinden)
- 450 g Zwiebeln, geschält und gehackt
- etwas Öl oder Butter
- 1 l Kalbsfond
- 120 ml Essig
- 8 EL Senf
- 100 g Ingwerbrot, in kleine Stücke zerteilt

ZUBEREITUNG

1. Am Vortag die Rinderbäckchen in 4 Zentimeter dicke Würfel schneiden und mit drei Vierteln des Bieres und dem Bouquet Garni in eine Schüssel geben. Abdecken und über Nacht in den Kühlschrank stellen. Dann das Fleisch vor der Verwendung abtropfen lassen.
2. In einer ausreichend großen Pfanne die Zwiebeln in etwas Öl oder Butter goldbraun anbraten, herausnehmen und beiseite stellen.
3. In derselben Pfanne mit etwas mehr Öl oder Butter die Rinderbäckchen anbraten, bis sie bräunen (nicht zu viele auf einmal nehmen, damit die Pfanne nicht zu voll ist. Das Fleisch würde sonst dünsten anstatt zu bräunen). Das Fleisch aus der Pfanne nehmen und beiseite stellen.
4. In einem ausreichend großen Topf auf mittlerer Hitze das Fleisch mit Zwiebeln, Kalbsfond, Essig, Senf, Ingwerbrot und dem restlichen Bier vermengen und aufkochen lassen. Die Hitze reduzieren und alles mindestens 90 Minuten lang köcheln lassen.

DAZU PASST:

Ein Bier mit ähnlich komplexem Geschmack wie das süß-säuerliche herzhafte Gericht, zum Beispiel ein flämisches Rotbier wie im Rezept verwendet oder auch ein flämisches Braunbier.

MARTIN BOSLEY
CRAFT-BIER-BEKEHRTER

BOSLEYSPANTRY.CO.NZ
WELLINGTON, NEUSEELAND

WIE VIELE SPITZENKÖCHE HAT SICH AUCH MARTIN BOSLEY, EINER DER MEISTAUSGEZEICHNETEN KÖCHE NEUSEELANDS, LANGSAM IN DER KÜCHE HOCHGEARBEITET. ER IST ZWAR VIEL IN DER WELT HERUMGEKOMMEN, SEINER HEIMATSTADT WELLINGTON ABER STETS TREU GEBLIEBEN. VIELE JAHRE LANG HAT ER SICH MIT DER KOMBINATION VON WEIN UND ESSEN BESCHÄFTIGT. WIE BIER MIT SPEISEN HARMONIERT, HAT IHN DAGEGEN NIE INTERESSIERT. SEIN MEINUNGSWANDEL IST EINEM DER BERÜHMTESTEN BIERJOURNALISTEN NEUSEELANDS ZU VERDANKEN.

»Es war Neil Miller, der mich an die unglaubliche Aromenvielfalt und das Potenzial von Craft-Bier herangeführt hat«, sagt Bosley. »Nach anfänglicher Skepsis hat mir ein kräftig gewürztes hellgoldenes *Tuatara Ardennes* aus einer hiesigen Brauerei die Augen geöffnet. Ich wusste ja nicht, dass Bier so einen ausgewogenen Geschmack und ein derartiges Mundgefühl haben kann.« Ab dem Moment wandte sich Martin begeistert dem Bier zu und verwendete es so, wie er früher Wein verwendet hatte: als Zutat und als Tischgetränk. In der Küche greift er heute genauso oft zum Bier oder Cidre wie zum Wein. Häufig nimmt er Bier als Fond. Die geschmackliche Komplexität des Bieres verleiht seiner Meinung nach vielen Gerichten zusätzliche Tiefe, unabhängig davon, ob das Bier als Zutat im Essen zum Einsatz kommt oder bei Tisch getrunken wird.

Dieser Bierbegeisterung ist es zu verdanken, dass ich Martin eines Tages auf einem von mir organisiertem Bier-Dinner in Wellington kennenlernte. Ich hatte Jetlag, und so wurde mir erst ein oder zwei Tage später klar, dass sich einer der angesehensten Köche Neuseelands Zeit für mein bescheidenes Bier-Dinner genommen hatte.

»BIER VERDIENT MEHR BEACHTUNG. DAHER GIBT ES BEI MIR NEUERDINGS AUCH VERKOSTUNGSMENÜS, BEI DENEN ZU JEDEM GANG DAS PASSENDE BIER SERVIERT WIRD«, ERKLÄRTE MIR MARTIN. »OFT PASST BIER BESSER ZUM ESSEN ALS WEIN. UND HEUTE WUNDERT MICH DAS NICHT MEHR.«

Martin ist im Übrigen nicht der einzige Koch Neuseelands, der so denkt, denn heute setzt sich diese Erkenntnis mehr und mehr durch.

»Zu einem guten Essen Bier zu trinken stößt in Neuseeland auf größere Akzeptanz als in anderen Ländern. Bei uns kennt sich ein Sommelier daher mit der Bierkarte genauso gut aus wie mit der Weinkarte und kann zu jedem Essen das passende Getränk empfehlen«, erklärt Martin. »Allerdings kennen sich die Gäste aus und erwarten dementsprechend hochkarätige Biere. Das sollte man nicht unterschätzen.«

Das passt natürlich gut ins Konzept eines Kochs, der nach eigener Aussage »fest in der neuseeländischen Esskultur verwurzelt ist«. Immerhin gibt es in Neuseeland eine erfolgreich expandierende Craft-Bier-Szene, die in gewisser Weise sogar die der australischen Nachbarn aussticht. Das stellt wiederum jemanden wie Bosley, der auf Fisch und Meeresfrüchte spezialisiert ist, vor größere Herausforderungen.

»Bei Fisch und Meeresfrüchten gehen die feinen Nuancen bei einem zu hopfigen Bier leicht unter. Im Allgemeinen gilt: Je dunkler das Bier, desto kompatibler ist es bei Tisch. Seit Neuestem experimentiere ich auch mit Sauerbieren, weil diese interessante Kombinationsmöglichkeiten eröffnen.«

GEGENÜBER: Für den Neuseeländer Martin Bosley ist Bier nicht nur als Begleiter zum Essen, sondern auch als Zutat beim Kochen ideal.

LAMM-TAJINE

DIE LISTE DER ZUTATEN MAG NACH GROSSEM AUFWAND AUSSEHEN, ABER MARTIN BOSLEYS TAJINE-VARIANTE AUF BIERBASIS IST EIGENTLICH EINFACH ZUZUBEREITEN, UND DA DAS GERICHT WUNDERBAR VORBEREITET WERDEN KANN, HAT MAN JEDE MENGE ZEIT FÜR DIE GÄSTE.

FÜR 6 PERSONEN

- 1 TL gemahlener schwarzer Pfeffer
- 1½ EL edelsüßes Paprikapulver
- 1 TL gemahlener Kreuzkümmel
- 1 TL gemahlener Koriander
- 1½ EL gemahlener Ingwer
- 1 EL gemahlene Kurkuma
- 2 EL gemahlener Zimt
- 1,6 kg Lammschulter ohne Knochen, in 5 cm große Stücke geschnitten
- 2 EL Olivenöl
- 1 große Zwiebel, geschält und in Ringe geschnitten
- 2 Knoblauchzehen, geschält und zerdrückt
- 500 ml Tomatensaft
- 1 Dose (400 g) stückige Schältomaten
- 120 g getrocknete Aprikosen
- 2 EL Sultaninen
- 6 entkernte Datteln, gehackt
- 45 g gehobelte Mandeln
- 1 TL Safranfäden
- 600 ml traditionelles Pale Ale
- 2 EL frische Petersilie, gehackt

ZUBEREITUNG

1. Den Ofen auf 150 °C (Gasherd Stufe 2) vorheizen.
2. Den Pfeffer mit den anderen Gewürzen in einer kleinen Schale miteinander vermischen. Das Lammfleisch mit der Hälfte der Gewürzmischung einreiben, abdecken und über Nacht im Kühlschrank ruhen lassen.
3. In einem Bräter auf mittlerer Hitze 1 Esslöffel des Olivenöls erhitzen und darin die Zwiebelringe glasig anschwitzen. Die restliche Gewürzmischung dazugeben und etwa 1 Minute mitbraten, bis die Zwiebel duftet. Den Knoblauch hinzufügen und kurz mitbraten.
4. In einer weiteren Pfanne das restliche Öl erhitzen und darin die Lammstücke auf allen Seiten gut anbraten.
5. Das Fleisch zu den Zwiebelringen in den Bräter geben und gut unterrühren.
6. 250 ml des Tomatensafts in der Pfanne, in der das Lammfleisch angebraten wurde, köcheln lassen. Dabei den Bratensatz mit dem Kochlöffel lösen. Den warmen Tomatensaft über das Fleisch in den Bräter gießen.
7. Den restlichen Tomatensaft mit den restlichen Zutaten (bis auf die Petersilie) verrühren. Alles bei geschlossenem Deckel im Ofen 2–2½ Stunden schmoren lassen.
8. Mit Petersilie bestreuen und mit Couscous servieren.

DAZU PASST:

Ein malziges Scotch Ale, das angenehm mit dem kräftig gewürzten Lammfleisch kontrastiert. Überhaupt kann man mit Lamm und Scotch Ale grundsätzlich nichts falsch machen.

LAMMHAXEN IN PORTER MIT FRISCHEM THYMIAN

DIESES REZEPT VON LESLIE DILLON LERNTE ICH MITTE DER 1990ER-JAHRE IM PYRAMID ALEHOUSE IN SEATTLE, WASHINGTON, KENNEN. ES HAT MICH SCHLAGARTIG VOM SINN DES SCHMORENS IN BIER ÜBERZEUGT.

FÜR 4 PERSONEN

- 2 EL Olivenöl
- 4 Lammhaxen
- Salz und Pfeffer
- 225 g Zwiebeln, geschält und gehackt
- 150 g Karotten, fein gehackt
- 150 g Sellerie, gehackt
- 150 g Tomaten, das Fruchtfleisch entkernt und gehackt
- 2 TL Knoblauch, geschält und gehackt
- 180 ml Porter
- 300 ml Rinderfond
- 2 Lorbeerblätter
- 1 EL frischer Thymian, gehackt
- 1 TL Salz

ZUBEREITUNG

1. In einer Pfanne das Olivenöl auf mittlerer Hitze erwärmen. Das Fleisch salzen, pfeffern und auf allen Seiten gut anbraten, dann aus der Pfanne nehmen und beiseite stellen.
2. Zwiebeln, Karotten und Sellerie 3–4 Minuten in der Pfanne anbraten, bis die Zwiebeln glasig sind. Tomaten und Knoblauch hinzufügen und alles gut miteinander vermischen. Mit Porter ablöschen und Bratensatz mit dem Kochlöffel ablösen. Rinderfond, Lorbeerblätter, Thymian hinzugeben, alles mit Salz abschmecken und gut umrühren. Die Lammhaxen zurück in die Pfanne legen und die Bratenflüssigkeit aufkochen lassen.
3. Nach dem Aufkochen die Hitze reduzieren und etwa 2–2½ Stunden köcheln lassen, bis das Fleisch gar ist. Bei Bedarf mit Wasser oder Bier aufgießen.

DAZU PASST:
Ein »kräftiges, malziges obergäriges Bier«, wie ich es bei der ersten Veröffentlichung dieses Rezepts empfohlen hatte. Damals hatte ich mich zwar nicht weiter festgelegt, dachte aber wohl an Starkbier oder Scotch Ale. Ein guter Tipp.

MARK DORBER

BIERKOCH DER ERSTEN STUNDE

THE ANCHOR, WALBERSWICK, SUFFOLK, ENGLAND

NACHDEM MARK DORBER DIE FINANZWELT HINTER SICH GELASSEN UND AUF WIRT UMGESATTELT HATTE, FÜHRTE ER IN DEN 1990ER-JAHREN DEN KULT-PUB THE WHITE HORSE IM LONDONER STADTTEIL PARSON'S GREEN. DAMALS BRACHTE ER EINEM ANSPRUCHSVOLLEN PUBLIKUM DIE BIERKÜCHE NÄHER. HEUTE BETREIBT ER MIT GROSSEM ERFOLG DEN PUB THE ANCHOR IN DER KÜSTENSTADT WALBERSWICK IN DER GRAFSCHAFT SUFFOLK.

Als ich Ende der 1990er-Jahre erstmals The White Horse in Parson's Green betrat, war der Pub alles andere als der zwielichtige »Treffpunkt der Fulhamer Kleinkriminellen«, wie er es Anfang der 1980er-Jahre gewesen sein muss. Verantwortlich für die Wandlung des heutigen Kult-Pubs war unter anderen Mark Dorber, von dem auch die wenig freundliche Beschreibung der früheren Stammgäste stammt.

Marks Karriere in der Gastronomie begann 1981 mit einem Aushilfsjob im »Sloney Pony«. Zusammen mit der Wirtin Sally Cruickshank setzte er auf gute Biere, um die zwielichtigen Stammgäste zu vertreiben und wieder gehobenere Kundschaft anzulocken. Als Umstrukturierungsstrategie ziemlich revolutionär, aber wirksam.

»Im November 1982 haben wir mit großem Erfolg das erste Old Ale Festival veranstaltet«, erzählt Mark. »In den 80ern und frühen 90ern folgten Mild Ale, Burton Pale Ale und Porter & Stout sowie einige Regionalbiere.«

Der Plan ging auf, denn 1983 wurde der Pub erstmals im CAMRA Good Beer Guide erwähnt und 1987 und 1988 dank Marks Neuausrichtung auch für seine Weine mit dem renommierten London Wine Pub of the Year Award ausgezeichnet. 1990 beschloss Mark, künftig auch die Messlatte für das leibliche Wohl seiner Gäste höher zu legen.

»Inspiriert durch die Bücher von Michael Jackson setzten wir cuisine à la bière auf die Speisekarte und wurden dafür ab 1992 in der Presse erwähnt«, erzählt Mark. Als Sally Cruickshank 1995 in Ruhestand ging, führte Mark im Gegensatz zu den damals aufkommenden Gastropubs Tischbedienung an allen Tischen ein. »Wir hatten für jedes Gericht den passenden Wein oder das passende Bier. Unsere Bierkarte umfasste erlesene, meist belgische Flaschenbiere, eine wachsende Anzahl importierter Fassbiere und viele fassgereifte Biere.«

Schließlich verließ Mark The White Horse, um mit seiner Frau Sophie in Suffolk The Anchor zu eröffnen, ein Pub, das sich durch erlesene Weine, Biere und Speisen auszeichnet.

Für Mark hat gute Küche heute einen viel höheren Stellenwert als früher. »Seit der internationalen Finanzkrise klagen Pubs über rückläufigen Umsatz in allen Bereichen, nicht nur im Bierausschank. Daher geht es in erster Linie darum, Kunden anzulocken, vor allem in ländlichen Gegenden«, betont Mark.

Ergänzend zu seiner exquisiten Küche bietet Mark eine für ein Kleinstadt-Pub sehr eindrucksvolle Auswahl an flaschen- und fassgereiften Bieren an.

»SÄUERLICHE BIERE WIE GUEUZE KOMMEN NEBEN FETTER WURST GUT ZUR GELTUNG, RAUCHBIERE ZEIGEN MIT LANGSAM GEGARTEM SCHWEINEFLEISCH MEHR FACETTEN, UND RÖSTIGE STOUTS ODER IMPERIAL STOUTS WERDEN DURCH SCHARF ANGEBRATENES ODER GEGRILLTES FLEISCH NOCH BESSER.«

Über die oft unterschätzten, für den Mainstreamgeschmack gebrauten Bierstile des British Empire sagt Mark: »Historische ›Schankbiere‹ mit geringerer Stammwürze schmecken von Glas zu Glas besser. Der feine Geschmack leichter Mild Ales und bitterer Schankbiere harmoniert sehr gut mit *Fish & Chips*. Ein herbes Bitter passt hervorragend zu *Ploughman's Lunch* mit sechs Monate altem Cheddar, zu *Sausage Rolls* oder auch zu *Pork Pie*. Solche Biere sollen vor allem erfrischen, mit dem Essen kontrastieren, und können teils erstaunliche Geschmacksnuancen herauskitzeln.«

RÖSTI MIT GRÜNKOHL, ZIEGENKÄSE & BEURRE BLANC À LA BIÈRE

DIESES GERICHT AUS DEM PUB THE ANCHOR MAG AUFWÄNDIG WIRKEN, IST ABER IN EINFACHEN SCHRITTEN ZUZUBEREITEN. DAS ERGEBNIS IST EINE LECKERE, OPTISCH ANSPRECHENDE VORSPEISE ODER BEILAGE.

FÜR 4 PERSONEN

Für die Rösti
- 2 große mehligkochende Kartoffeln
- ¼ große Gemüsezwiebel, geschält und fein geschnitten
- Blätter von 1 Thymianzweig
- Salz und schwarzer Pfeffer nach Belieben
- etwas Butter- oder Entenschmalz zum Braten

Für den Grünkohl
- 1 Bund Grünkohl, die Blätter vom Strunk befreit und grob gehackt

Für die Sauce
- 1 Schalotte, geschält und fein geschnitten
- etwas Sonnenblumenöl zum Braten
- 1 Knoblauchzehe, geschält und fein gehackt
- 240 ml Saisonbier (*Saison Dupont* oder Ähnliches)
- 120 ml Weißweinessig
- 225 g Butter, in 1 cm große Würfel geschnitten
- Meersalz und gemahlener weißer Pfeffer nach Belieben
- 4 runde Scheiben Ziegenkäse
- etwas Zwiebel-Relish

ZUBEREITUNG

FÜR DIE RÖSTI

1. Die Kartoffeln schälen, mit der Reibe auf ein sauberes Küchenhandtuch raspeln und darin gut ausdrücken. Die Kartoffelmasse in eine große Schüssel geben.
2. Die Zwiebel in etwas Butterschmalz glasig anschwitzen. Kartoffelmasse, Thymian, Salz und Pfeffer hinzufügen und alles gut miteinander vermengen.
3. Eine große Pfanne mit etwas Butterschmalz bei mittlerer Hitze erwärmen. Einen Küchenring in die Mitte der Pfanne legen, etwa ¼ der Kartoffelmasse hineingeben und mit dem Rücken eines Löffels gut andrücken.
4. Das Rösti 3–4 Minuten lang auf beiden Seiten braten, bis es goldbraun und gar ist. Dann 3 weitere Rösti auf die gleiche Weise herstellen (bei Bedarf zusätzliches Schmalz in die Pfanne geben) und auf einem Rost beiseite stellen. Überschüssiges Fett mit Küchenkrepp abtupfen. Bei Bedarf mit Salz und Pfeffer nachwürzen.

FÜR DEN GRÜNKOHL

5. Den Grünkohl in einem Topf mit kochendem Wasser 1–2 Minuten blanchieren. Durch ein Sieb abgießen, mit kaltem Wasser abschrecken (um den Garvorgang zu stoppen) und beiseite stellen.

FÜR DIE SAUCE

6. In einer Pfanne die Schalotte in wenig Öl anschwitzen (aber nicht bräunen). Den Knoblauch hinzufügen und eine weitere Minute anbraten. Bier und Essig hinzugeben und kurz aufkochen lassen. Die Flüssigkeit auf 2–3 Esslöffel einkochen.
7. Die Hitze reduzieren und die Butter würfelweise einrühren (dabei die Sauce nicht zum Kochen bringen). Sobald die Sauce sämig ist, nach Belieben mit Salz und Pfeffer abschmecken und dann warm stellen.

ZUM SERVIEREN

8. Die Rösti auf einem Backblech im Ofen aufwärmen.
9. Die Rösti auf dem Blech aus dem Ofen nehmen, mit dem Grünkohl und jeweils einer Scheibe Ziegenkäse belegen und im Ofen überbacken, bis der Käse braun wird und zerläuft.
10. Jeden Röstitaler auf einem Teller anrichten und mit etwas Sauce umgießen. Nach Belieben mit einem Klecks Zwiebel-Relish garnieren.

DAZU PASST:

Ein mit der Herzhaftigkeit des Gerichts kontrastierendes Bier, etwa ein erfrischendes Helles oder (falls etwas kräftiger gewünscht) ein leicht hopfiges Tripel.

BIERBROWNIES MIT PFLAUMEN

BIER UND TROCKENPFLAUMEN SIND VIELLEICHT NICHT DAS ERSTE, DAS EINEM SPONTAN ZU SCHOKOBROWNIES EINFÄLLT, DENNOCH ZAUBERT DER NEUSEELÄNDISCHE KOCH MARTIN BOSLEY AUS DEM DUNKLEN DÖRROBST UND MALZIGEM BIER EINE UNVERGLEICHLICHE GESCHMACKSSYMPHONIE.

ERGIBT 12 BROWNIES

75 ml kräftiges dunkles Bier belgischer Brauart
250 g extrafeiner Zucker
250 g entsteinte Soft-Dörr-Pflaumen, grob gehackt
200 g Butter
250 g dunkle Schokolade
3 große Eier
1 Eigelb
60 g Mehl
55 g Kakaopulver
1 TL Backpulver

ZUBEREITUNG

1. Den Ofen auf 180 °C (Gasherd Stufe 4) vorheizen. Eine rechteckige Form (Seitenlänge etwa 20 Zentimeter) einfetten und mit Backpapier auslegen.
2. Die Dörrpflaumen halbieren, in eine Schüssel geben, mit Bier übergießen und 30 Minuten quellen lassen.
3. In einer Schüssel Butter und Zucker mit dem Schneebesen schaumig aufschlagen und beiseite stellen.
4. Schokolade in eine Metallschüssel auf einem Topf mit siedendem Wasser bröckeln (alternativ in einen Wasserbadtopf) und schmelzen lassen. Dabei nicht umrühren, aber darauf achten, dass die Masse nicht kocht und kein Wasser in die Schokolade gerät. Sobald die Schokolade geschmolzen ist, den Topf vom Herd nehmen.
5. Die Eier in eine Rührschüssel aufschlagen und zusammen mit dem Extra-Eigelb sanft verquirlen.
6. In eine andere Schüssel das Mehl mit dem Kakaopulver und Backpulver sieben und vermischen.
7. Die verquirlten Eier zum schaumigen Butter-Zucker-Gemisch geben und mit einem Schneebesen die geschmolzene Schokolade unterrühren.
8. Die Pflaumen abgießen, ausdrücken und ebenfalls in die Schüssel geben. Dann vorsichtig das Mehl unterheben (nicht zu kräftig rühren, da die Brownies sonst flach bleiben, weil der Teig zu dicht wird).
9. Den Teig in die vorbereitete Backform geben und 30 Minuten lang im Ofen backen.
10. Aus dem Ofen nehmen, abkühlen lassen und in (mindestens) 12 Quadrate schneiden.

DAZU PASST:

Jedes sehr malzige, dunkle Bier im Abteil-Stil ist eine hervorragende Ergänzung zu diesem Gericht. Grundsätzlich dürfte aber auch jedes andere kräftige, süße dunkle Bier passen.

BLAUBEER-RICOTTA-BEIGNETS MIT STOUT-SCHOKO-DIP

DIESE BEIGNETS NACH EINEM REZEPT DER AMERIKANISCHEN KOCHBUCHAUTORIN LUCY SAUNDERS WERDEN DURCH DEN RICOTTA BESONDERS LUFTIG, WÄHREND DER STOUT DEM DIP EINE GANZ BESONDERE NOTE VERLEIHT.

ERGIBT 12–15 BEIGNETS

Für den Teig
- 2 große Eier
- 50 g Zucker
- 225 g Ricotta
- 1 TL Vanille-Extrakt
- 1 Prise Salz
- 1 EL Backpulver
- 110 g Mehl
- Traubenkernöl
- 50 g Blaubeeren

Für den Dip
- 225 g dunkle Schokolade (60 % Kakaoanteil), geraspelt
- 225 g Crème double
- 120 ml Imperial Stout
- 1 TL Vanille-Extrakt (vorzugsweise Madagaskar Bourbon Vanille)

ZUBEREITUNG

FÜR DIE BEIGNETS

1. In einer Rührschüssel Eier, Zucker, Ricotta, Vanille, Salz, Backpulver und Mehl zu einem geschmeidigen Teig verrühren. Abdecken und für 2 Stunden im Kühlschrank ruhen lassen.
2. Eine große Pfanne 6 Zentimater hoch mit Traubenkernöl füllen. Auf mittlerer Hitze das Öl auf 180 °C erhitzen (mit einem Thermometer überprüfen).
3. Die Blaubeeren vorsichtig unter den Teig heben (den Teig immer wieder umrühren, damit sich die Blaubeeren gleichmäßig auf die einzelnen Beignets verteilen und nicht im Teig absinken).
4. Den Teig löffelweise ins heiße Öl geben und frittieren. Die Beignets mit einer Küchenzange oder Schaumkelle nach etwa 2 Minuten wenden, damit sie auf allen Seiten bräunen (maximal 4–6 Beignets gleichzeitig frittieren und die Pfanne nach jedem Durchgang wieder mit Öl auffüllen und dieses auf 180 °C erhitzen).
5. Die Beignets aus der Pfanne nehmen, überschüssiges Fett mit Küchenkrepp abtupfen. Bis zum Servieren im Ofen warm halten. Warm mit dem Dip servieren.

FÜR DEN DIP

6. Die geraspelte Schokolade in eine Schüssel geben. Sahne und Stout in einer Pfanne verrühren, auf mittlerer Hitze zum Sieden bringen und über die Schokolade gießen. Alles vorsichtig zu einer glatten Sauce verrühren. Die Vanille unterrühren und den Dip warm servieren (alternativ abkühlen lassen, in einer Vakuum-Box maximal eine Woche im Kühlschrank aufbewahren und vor dem Servieren wieder erwärmen).

DAZU PASST:

Ein Baltic Porter oder nicht zu hopfiger Imperial Stout. Lucy bevorzugt kräftiges amerikanisches Amber Ale oder malziges dunkles Lager.

SCHOKO-ROTE-BETE-KUCHEN MIT STOUT

DER AUSTRALISCHE FERNSEHKOCH PAUL MERCURIO IST MANCHMAL IN DER STIMMUNG, »EINFACH EIN PAAR ZUTATEN ZUSAMMENZUWERFEN, DIE AUF DEN ERSTEN BLICK NICHT ZUEINANDER PASSEN«. DAS ERGEBNIS IST UNTER ANDEREM DIESER UNKONVENTIONELLE LECKERE SCHOKOKUCHEN.

FÜR 10 KUCHENSTÜCKE

- 1 große Knolle Rote Bete (etwa 300 g)
- Saft einer großen Orange
- 150 ml kräftiger Stout (Alkoholgehalt 6,5 Vo. % oder mehr, nicht zu süß), langsam im Topf bis zum Sieden erwärmt
- 230 g Mehl, mit 1/2 Päckchen Backpulver vermischt
- 50 g Kakaopulver
- 200 g brauner Zucker
- abgeriebene Schale einer Zitrone
- 60 g Milchschokolade
- 60 g dunkle Schokolade (Kakaoanteil 70 %)
- 100 g Butter, in Stücke geschnitten
- 3 Freilandeier, verquirlt

ZUBEREITUNG

1. Den Ofen auf 160 °C (Gasherd Stufe 3) vorheizen. Eine runde Springform (Durchmesser 24 Zentimeter) einfetten und mit Backpapier auslegen.
2. Die Rote Bete putzen, halbieren und die Hälften vierteln. In einen kleinen Topf legen, den Orangensaft hinzufügen und bei geschlossenem Deckel auf geringer Hitze garen. Die Rote Bete zum Abkühlen in eine Schüssel mit kaltem Wasser legen, dann die Schale mit einem Messer abschaben und die Rote Bete in Würfel schneiden, dann in der Küchenmaschine oder mit dem Stabmixer pürieren. Die Hälfte des Stouts hinzufügen und untermixen. Das Rote-Bete-Püree beiseite stellen.
3. Das Mehl mit dem Kakaopulver in eine ausreichend große Schüssel sieben und mit dem Zucker sowie mit der Zitronenschale vermengen.
4. 300 ml Wasser in einer Pfanne (oder einem Wasserbadtopf) aufkochen, dann nur noch leicht sieden lassen. Die Schokolade in kleine Stückchen brechen, in eine Schüssel (oder in den oberen Schmelztiegel des Wasserbadtopfes) geben und über dem siedenden Wasserbad schmelzen (dabei nicht umrühren). Die Butterstückchen nach und nach hinzugeben. Erst umrühren, wenn die Butter geschmolzen ist. Die Schüssel vom Wasserbad nehmen und vor dem Unterrühren der Eier etwas abkühlen lassen. Dann den restlichen lauwarmen Stout und das Rote-Bete-Püree hinzufügen und gut unterrühren.
5. Die Schokoladen-Rote-Bete-Mischung zum Mehl und Kakaopulver geben und sorgfältig unterrühren, damit keine Klümpchen entstehen. Den Teig in die vorbereitete Springform geben und in den Ofen stellen.
6. Etwa 40 Minuten lang backen. Zur Garprobe mit einem Holzstäbchen in den Kuchen stechen (wenn keine Teigreste haften bleiben, ist der Kuchen gar. Andernfalls die Backzeit noch etwas verlängern).
7. Den Kuchen vor dem Lösen aus der Form etwas abkühlen lassen. Entweder noch warm servieren oder im Kühlschrank vollständig abkühlen lassen, um ihn anschließend zu glasieren.

SCHOKOLADEN-STOUT-GLASUR

80 g Butter, zerlassen
60 ml Stout

40 g Milchschokolade, fein gehackt

40 g dunkle Schokolade (70 % Kakaoanteil), fein gehackt

250 g Puderzucker, fein gesiebt

ZUBEREITUNG

1. Butter, Stout und Schokolade in einer Pfanne bei schwacher Hitze erwärmen und gut verrühren, bis die Schokolade geschmolzen ist und sich eine glatte Schokoladensauce gebildet hat.
2. Den Puderzucker nach und nach in die Schokoladensauce einrieseln lassen. Gut unterrühren, bis eine glatte Creme entstanden ist. Vom Herd nehmen und vor dem Glasieren etwas abkühlen lassen.
3. Die Creme vorsichtig mittig über den Kuchen gießen, damit sie sich gleichmäßig verteilen und an den Seiten herunterlaufen kann. Den Kuchen zum Aushärten der Glasur in den Kühlschrank stellen.

DAZU PASST:

Ein kräftiges Imperial Stout als Kontrapunkt, aber auch ein würziger, spritziger Weizenbock. Beide haben genug Charakter, um sich geschmacklich neben dem sehr gehaltvollen Schokokuchen zu behaupten.

WAS PASST WOZU?

EIERSPEISEN, BROT & GEBÄCK

GERICHT	PASST ZU …
leichte Eierspeisen (Rühr- oder Spiegelei)	Hefeweizen, Kölsch
gehaltvollere Eierspeisen (Omelett, Eier Benedict)	Dunkelweizen, Pilsner, Standard Bitter
Pfannkuchen mit Ahornsirup	Ahornbier, Stout, Doppelbock (süß)
Quiche Lorraine	Dunklem, Hellem, Rauchbier
Obstparfait mit Joghurt und Müsli	Fruchtweizenbier, Berliner Weisse, Weizenbier im belgischen Stil
Huevos Rancheros	Pilsner, Pale Ale im amerikanischen Stil
Churros, Doughnuts	süßem Stout, Baltic Porter, Barley Wine
Marmeladentoast	Fruchtbier, Dunkelweizen
Brunch	Hefeweizen, Oatmeal Stout

PERFEKT ZU …	BEISPIEL
belgischem Weizenbier	Blanche de Namur
Hellem	Augustiner Edelstoff
Oatmeal Stout	Rogue Shakespeare Oatmeal Stout
Altbier	Uerige Altbier
trockenem Frucht-Lambic	Cantillon Rosé de Gambrius

traditionellem IPA	Worthington White Shield
Schokoladenstout	Young's Double Chocolate Stout
Brown Ale	Samuel Smith Nut Brown Ale
Stout oder Porter mit Kaffeearoma	Meantime Coffee Porter

WAS PASST WOZU?

KÄSE & WURST

GERICHT	PASST ZU ...
Brie und andere fruchtig-würzige Weichkäsesorten	Dry Stout, London Porter
weiche, sahnige Ziegenkäsesorten	Weizenbier im belgischen Stil Golden Ale
Edamer und andere milde, mittelharte Käsesorten	Dunklem, Scotch Ale, Dubbel
gereifter Cheddar und nussig-würzige Käsesorten	Porter, Dry Stout, Best Bitter
Parmigiano reggiano und ähnliche Hartkäsesorten	Brown Ale, Porter
Stilton und ähnlich milde Schimmelkäsesorten	London Porter, Dubbel
Roquefort und ähnlich pikante Schimmelkäsesorten	Double IPA, kräftigem dunklem Ale
Epoisses und andere Rotschmierkäsesorten	Weizenbock, Imperial Stout
Saag Paneer (indischer Bratkäse mit Spinatsauce)	Amber Lager, Mild Ale
Croque Monsieur (gegrilltes Käsesandwich)	London Porter, Brown Ale, Saisonbier
Ploughman's Lunch (Käse, Essiggurken, Brot, Chutney)	Porter, Steam Beer
Sülze und gereifter Käse	Pale Ale, Best Bitter, Dunklem

PERFEKT ZU ...	BEISPIEL
Oatmeal Stout	Rogue Shakespeare Oatmeal Stout
Hefeweizen	Schöfferhofer Hefeweizen
Bock	Weltenburger Kloster Asam Bock
Extra Special Bitter (ESB)	Fuller's ESB

im Bourbonfass gereiftem Porter oder Stout	Goose Island Bourbon County Stout
Barley Wine im britischen Stil	Ridgeway Imperial Barley Wine
Barley Wine im amerikanischen Stil	Rogue Old Crustacean Barley Wine
Gewürzbier im belgischen Stil (je kräftiger, desto besser)	Delirium Tremens

Dunklem	König Ludwig Dunkel
Gewürzbier im belgischen Stil (goldblond & fruchtig)	Augustijn blond
Best Bitter	Tring Brewery Ridgeway Bitter
Pilsner im tschechischen Stil	Budweiser Budvar

WAS PASST WOZU?

FISCH & MEERESFRÜCHTE

GERICHT	PASST ZU ...
Räucherlachs	trockenem, röstigem Stout, Porter oder Hefeweizen
frittierte Calamari	Pils im tschechischen Stil, Kölsch
Fischsuppe	Pils im tschechischen Stil, Saison
Ceviche (roher, in Limettensaft marinierter Fisch)	mildem Frucht-Lambic (z.B. Aprikose), Kölsch
Fish & Chips	traditionellem IPA, Brown Ale

GERICHT	PASST ZU ...
Schnapper, Seebarsch oder ähnlich magere Fische	Weizenbier, Hefeweizen
Kabeljau, Heilbutt und ähnlich festfleischige Fische	Hellem, Schwarzbier, London Porter
gedünstete Mies- oder Venusmuscheln	dem beim Kochen verwendeten Bier
Hummer, in Butterschmalz gedünstet	London Porter, Oatmeal Stout
Salade Niçoise	Weizenbock, Gewürzbier im belgischen Stil

PERFEKT ZU …	BEISPIEL
rauchigem Malt Porter oder Stout	Alaskan Smoked Porter
Altbier	Uerige Alt
Golden Bitter	Hopback Summer Lightning
Weizenbier im belgischen Stil	Watou's Wit
Best Bitter	Brakspear Bitter
Kristallweizen	Maisel's Weisse Kristall
Golden Ale	Adnams Explorer
Weizenbier im belgischen Stil	St Bernardus Wit
Brown Ale	Samuel Smith's Nut Brown Ale
Hefeweizen	Weihenstephaner Hefeweissbier

WAS PASST WOZU?

PASTA, PIZZA & REIS

GERICHT	PASST ZU …
Spaghetti bolognese	Wiener Lager, Amber Ale
Gnocchi con pesto	Märzen, Lager im tschechischen Stil
Fettuccine carbonara	Saisonbier, Hellem, Dunklem
Penne all'arrabbiata	Wiener Lager, Bock
Pasta e fagioli (mit Bohnen)	Altbier, Dunklem

GERICHT	PASST ZU …
Pizza margherita	Bock, Amber Ale
Pizza mit allem	Golden Bitter, traditionellem Pale Ale (oder amerikanischem PA)
Risotto milanese	Golden Bitter, Hellem
Phat Thai	Golden Bitter, Pilsner im deutschen Stil
verwestlichte chinesische Küche (Gebratener Reis etc.)	traditionellem Pale Ale, Pilsner im tschechischen Stil

PERFEKT ZU …	BEISPIEL
Bock	Monschof Bockbier
Hellem	Camden Hells
Pilsner im tschechischen Stil	Pilsner Urquell
traditionellem Pale Ale	Timothy Taylor Landlord
Schwarzbier	Köstritzer

PERFEKT ZU …	BEISPIEL
Wiener Lager	Brooklyn Lager
IPA im amerikanischen Stil	Founder's Centennial IPA
Kölsch	Gaffel Kölsch
traditionellem Pale Ale	Hitachino Nest Beer Pale Ale
Pale Ale im amerikanischen Stil	Flying Dog Pale Ale

WAS PASST WOZU?

RIND & SCHWEIN

GERICHT	PASST ZU …
Chili con carne	traditionellem (oder amerikanischem) IPA oder Pale Ale
Roastbeef (medium rare)	Best Bitter, Porter
Carbonnade de bœuf (Eintopf mit Rind und Bier)	Dubbel, kräftigem Brown Ale
Steak frites	Scotch Ale, Dubbel
Steak tartare	traditionellem Pale Ale, Porter
geschmorte Rinderbäckchen	Old Ale, Imperial Stout
Hamburger	Pilsner im tschechischen Stil, hopfigem Brown Ale
Rindfleisch-Cashew-Korma	Ale im schottischen Stil, Porter
gegrilltes Schweinekotelett	Hellem, Dunklem, Doppelbock
gebratene Schweinelende	Dunklem, Porter, Brown Ale
Pulled Pork	Märzen, traditionellem Pale Ale
italienische Wurst	hopfigem Brown Ale, Dunklem, traditionellem Pale Ale
Bratwurst	hellem Lager, Dunklem
Weißwurst	Weizenbier im belgischen Stil, leichtem Hefeweizen
English Brunch	Best Bitter, Pale Ale, Pilsner

PERFEKT ZU ...	BEISPIEL
Pale Ale im amerikanischen Stil	Oskar Blue's Dale's Pale Ale
Brown Ale	Anspach & Hobday The Smoked Brown
flämischem Braunbier	Liefmans Goudenband
Extra Special Bitter (ESB)	Fuller's ESB
Gewürzbier im belgischen Stil (dunkel & malzig)	McChouffe

PERFEKT ZU ...	BEISPIEL
kräftigem, dunklem Bier	Trappistes Rochefort 10
Pale Ale im amerikanischen Stil	Sierra Nevada Pale Ale
Brown Ale	Samuel Smith Nut Brown Ale
Bock	Andechser Bergbock Hell
Weizenbock	Weihenstephaner Vitus Weizenbock

PERFEKT ZU ...	BEISPIEL
Bock	Ayinger Winter Bock
traditionellem IPA	Shepherd Neame India Pale Ale
Märzen	Hofbräu Oktoberfestbier
Hefeweizen	Weihenstephaner Hefeweissbier
Standard Bitter	Fuller's Chiswick Bitter

WAS PASST WOZU?

HUHN, LAMM & ENTE

GERICHT	PASST ZU ...
Chicken Wings	traditionellem Pale Ale, Pilsner im tschechischen Stil
gegrillte Hähnchenbrust mit Barbecue-Sauce	Pilsner im tschechischen Stil, Saisonbier
Hühnchen General Tso	Steam Beer, Enkel/Single
Hühnchen Kung Pao	Hellem, Kölsch
Hühnchen Vindaloo (scharf)	Pale Ale/IPA (amerikanischer Stil)
Butterhuhn (mildes Curry)	Amber Ale, Schwarzbier
Pekingente	Pilsner im deutschen Stil, Hefeweizen
gebratene Lammkeule	Porter, kräftigem dunklem Ale, Baltic Porter
Lamm Rogan Josh	Double IPA, Baltic Porter
Gulasch	traditionellem Pale Ale und IPA

PERFEKT ZU ...	BEISPIEL
Pale Ale im amerikanischen Stil	Sierra Nevada Pale Ale
Wiener Lager	Brooklyn Lager
Tripel	Westmalle Trappist Tripel
Golden Bitter	Woodforde's Wherry
traditionellem IPA	Thornbridge Jaipur IPA

Dunkelweizen	Weihenstephaner Hefeweissbier Dunkel
Weizenbock	Schneider Aventinus
Barley Wine im britischen Stil	Woodforde's Head Cracker
Barley Wine im britischen Stil	Samuel Smith Yorkshire Stingo
Pale Ale im amerikanischen Stil	Odell 5 Barrel Pale Ale

WAS PASST WOZU?

GEMÜSE

GERICHT	PASST ZU ...
Ratatouille	Schwarzbier, Wiener Lager
gefüllte Paprikaschoten	Altbier, Berliner Weisse
Nudelauflauf mit Käse	traditionellem Pale Ale und IPA
gegrillte Champignons	Dry Stout, Dunkel, Mild

GERICHT	PASST ZU ...
gebratenes Wurzelgemüse	Hellem, Best Bitter
Chana Masala (Kichererbsen mit Tomaten und Zwiebeln)	Wiener Lager, Altbier
Caesar Salad	Berliner Weisse, Gueuze
französische Zwiebelsuppe	flämischem Brown Ale, Brown Ale

DESSERTS

GERICHT	PASST ZU ...
Käsekuchen mit Obstbelag	Weizenbier im belgischen Stil, Scotch Ale
Schokoladenkuchen	Barley Wine im britischen Stil, New-World-Gewürzbier (Porter)
Kürbiskuchen	Kürbisbier, Bock
Christmas Pudding	Barley Wine im britischen Stil, Old Ale
Apfelkuchen	Fruchtbier, Eisbock, Weizenbock
Trifle	Baltic Porter, im Whiskeyfass gereiftem Porter

PERFEKT ZU ...	BEISPIEL
Bock	Weltenburger Kloster Asam Bock
traditionellem Pale Ale	Marston's Pedigree
Brown Ale	Samuel Smith Nut Brown Ale
Schwarzbier	Würzburger Hofbräu Schwarzbier
Golden Bitter	Coniston Bluebird Bitter
Brown Ale	Anspach & Hobday The Smoked Brown
Pilsner im deutschen Stil	Jever Pilsner
Best Bitter	Adnams Broadside

Fruchtbier	Meantime Raspberry
Imperial Stout	The Kernel Imperial Brown Stout
Brown Ale	Brooklyn Brown Ale
New-World-Gewürzbier (kräftig)	Jolly Pumpkin Maracaibo Especial
New-World-Gewürzbier (mild)	Hop Back Taiphoon Lemon Grass
Scotch Ale	Traquair House Ale

WAS PASST WOZU?

BIERSTILE & KULINARISCHE BEGLEITER

STIL	BEISPIEL
traditionelles Pale Ale/Best Bitter	Fuller's London Pride
Helles Ale/Golden Bitter	Hopback Summer Lightning
Pale Ale im amerikanischen Stil	Sierra Nevada Pale Ale
traditionelles IPA	Meantime India Pale Ale
IPA im amerikanischen Stil	Oakham Ales Green Devil
Double oder Imperial IPA	Russian River Pliny the Elder
Saisonbier	Saison Dupont
Pilsner im tschechischen oder böhmischen Stil	Pilsner Urquell
Pilsner im deutschen Stil	Bitburger
Kölsch/Golden/Blonde Ale	Gaffel Kölsch
Tripel	Westmalle Tripel
Steam Beer	Anchor Steam Beer
Helles	Augustiner Edelstoff
Märzen/Oktoberfest	Hofbräu Oktoberfestbier

WAS PASST WOZU?

PASST ZU ...	PERFEKT ZU ...
Fish & Chips, Schweinefleischpastete, Roastbeef medium	gut gereiftem Cheddar
Cremesuppen, scharf gewürztem Hühnchen und Fisch	Garnelen- und Gemüse-Tempura
scharfen Chilis, Nachos, Kurzgebratenem	Cheeseburgern
pikanten Fleischeintöpfen, Samosas und anderen frittierten Snacks	scharfen Currys
frittierten Snacks, Tacos & Burritos	reich belegter Pizza
Gerichten mit Mole-Sauce, gehaltvollen indischen Gerichten	Schokolade mit mindestens 80% Kakaoanteil
Thai- und vietnamesischer Küche, nussigen Käsesorten	Rijsttafel (indonesische Reistafel)
Pommes frites, Fettuccine alfredo, Fleischtaschen	Blackened Catfish (Geschwärzter Seewolf)
gehaltvollen Cremesuppen, Chicken Wings, Churrasco	Grillplatte (Würstchen, Koteletts, Hähnchenbrust)
Schweinefilet, festfleischigen Fischsorten, Waldorfsalat	gegrillten Schweinekoteletts
kräftigen Weichkäsesorten, Chicorée-Gratin	Spargel mit Sauce hollandaise
italienischen Würsten, Wurstplatten	Ciopinno (Fischeintopf mit Tomaten und Fenchel)
Brathähnchen, Schweinelende	Brezeln mit Senf
Schweinshaxen, Geflügelsalat	Schweinswürsteln

WAS PASST WOZU?

BIERSTILE & KULINARISCHE BEGLEITER

STIL	BEISPIEL
Wiener Lager	Samuel Adams Boston Lager
Mild Ale	Rudgates Ruby Mild
Brown Ale	Samuel Smith Nut Brown Ale
Ale im schottischen Stil	Belhaven 80 Shilling
Hopfiges Brown Ale	Brooklyn Brown Ale
Altbier	Uerige Altbier
Dunkles	Ayinger Altbairisch Dunkel
Schwarzbier	Köstritzer
Porter	Porterhouse Plain Porter
Baltic Porter	Les Trois Mosquetaires Porter Baltique
Dry Stout	Wrasslers 4X Stout
Oatmeal Stout	Fourpure Oatmeal Stout
Imperial Stout	Samuel Smith Imperial Stout
Rauchbier und andere rauchige Malzbiere	Aecht Schlenkerla Rauchbier Märzen

WAS PASST WOZU?

PASST ZU ...	PERFEKT ZU ...
Pasta in Tomatensauce, milden Käsesorten	Pizza Margherita
mild gewürztem Rindfleischeintopf, Ei im Glas	Pilz-Ragout
gekochtem Rindfleisch, gerösteten Nüssen	Zwiebelleber
geräucherter Makrele, Bœuf Stroganoff	Schottischem Ei
Texas Barbecue Rinderbrust, Nudel-Käse-Auflauf	geschmorten Querrippchen
festen, nussigen Käsesorten, Schmorbraten	pikanter Wurst auf Roggenbrot
Rinderwurst, Schweinebraten, Wurzelgemüse	Schnitzel mit Pilzsauce
Sauerbraten, Dim Sum, Pilzgerichten	Boudin noir (Blutwurst)
gedünsteten Muscheln, Austern, Pökel- oder Räucherfisch	Räucherlachs auf Sodabrot
Gemüseeintöpfen, Trifles und anderen Obstdesserts	Tiramisu
Lammeintopf, Wild, Räucherfisch	Austern
den meisten Frühstücksarten (z.B. Haferbrei), Meeresfrüchten	Brie de Meaux
dunkler Schokolade, pikanten Käsesorten	dunkler Schokolade, pikanten Käsesorten
geräucherter Wurst, Schinken, mittelhartem Käse (z.B. Edamer)	Islay Single Malt Whiskey

WAS PASST WOZU?

BIERSTILE & KULINARISCHE BEGLEITER

STIL	BEISPIEL
Bock	Einbecker Ur-Bock Dunkel
Doppelbock/Eisbock	Andechs Doppelbock Dunkel
Dubbel/kräftiges dunkles Ale	Trappistes Rochefort 10
Scotch Ale	Traquair House Ale
Barley Wine im britischen Stil/Old Ale	Woodforde's Head Cracker
Barley Wine im amerikanischen Stil	Anchor Old Foghorn
nicht aromatisiertes Lambic/Gueuze	Cantillon Lambic Bio
flämisches Rotbier/Braunbier	Rodenbach Grand Cru
Hefeweizen/Kristallweizen	Weihenstephaner Hefeweissbier
Dunkelweizen	Weihenstephaner Hefeweissbier Dunkel
Witbier/Bière blanche/Weißbier	Blanche de Namur
Weizenbock	Schneider Aventinus
Kriek/Framboise	Drie Fonteinen Oude Kriek
Coffee Stout	Flying Dog Kujo Imperial Coffee Stout

WAS PASST WOZU?

PASST ZU ...	PERFEKT ZU ...
Weichkäse, Schweinebraten, Wildgeflügel	Wildschwein
Crème caramel, Brotpudding	Obazda (Camembert mit Butter, Paprika und Zwiebeln vermischt)
geschmortem Fleisch, pikant-würzigem Weichkäse	Schokoladenfondue
Sticky Toffee Pudding, Lammschmorbraten	Haggis
Cheddar, langsam geschmortem Fleisch	Stilton
Schimmelkäse, Zigarren	dunklen Schokoladentrüffeln mit Zitrusaroma
pikantem Käse, Radieschen, Salat	Putenbraten
Wild, pikantem Käse	Landleberpastete
Eierspeisen, mild gewürztem Fisch, Salat	Weißwurst
milden Currys, Falafeln, gebratenem Wildgeflügel	auf Holzkohle gegrilltem Schweinefleisch
Muscheln, Ziegenkäse und ähnlich leichten Käsesorten	luftig-lockerem Käse-Omelett
Hoisin-Rindfleisch, Apfelkuchen	Gewürzkuchen
Frucht-Käsekuchen, Obstsalat	Enten-Confit
Keksen, Schokokuchen, Schokolade	Blätterteiggebäck

WAS PASST WOZU?

GELEGENHEITEN & LANDESKÜCHEN

GELEGENHEIT	BIERWAHL
Brunch	Hefeweizen, Weizenbier im belgischen Stil, Oatmeal Stout, Standard Bitter
Vormittagssnack	Mild Ale, Weizenbier im belgischen Stil, Helles, Kölsch
leichtes Mittagessen	traditionelles Pale Ale, Mild Ale, Altbier, Dunkelweizen, Gose
Wursttheke	Steam Beer, Best Bitter, Brown Ale, Amber Ale
Salatbar	Weizenbier im belgischen Stilgueuze, Kriek, Framboise, Fruchtbier
Sandwiches	Pilsner im deutschen oder tschechischen Stil, Kölsch, Saisonbier
BBQ-Picknick	traditionelles Pale Ale oder Pale Ale im amerikanischen Stil, Brown Ale, Porter
Pizzeria	dunkles Lager, Wiener Lager, Pale Ale im amerikanischen Stil oder IPA
Südstaaten-BBQ	Pale Ale im amerikanischen Stil oder IPA, Steam Beer, hopfiges Brown Ale
Bayerische Schmankerln	Märzen, Helles, Dunkles, Hefeweizen, Bock, Kölsch
Canapés (Cocktail-Party)	Pilsner im deutschen Stil, Gueuze, Weizenbier, Kristallweizen
frittierte Appetizer (in der Bar)	traditionelles Pale Ale oder IPA im amerikanischen Stil
Gemüse mit Dips	Wiener Lager, Saisonbier, Enkel/Single, Tripel
salzige Knabbereien vor dem Fernseher	Pilsner im tschechischen oder deutschen Stil, traditionalles or Pale Ale im amerikanischen Stil

ART DER KÜCHE	BIERWAHL
Tapas	London Porter, kräftiges dunkles Ale, Bock, Gewürzbier im belgischen Stil
Mezze/Antipasti	Golden Bitter, Wiener Lager, Gueuze, Weizenbock
gekühlte Meeresfrüchte	Kölsch, Dry Stout, Porter, Weizenbier im belgischen Stil
Eintopf aus dem Slowcooker	London Porter, Dubbel, kräftiges dunkles Ale, flämisches Brown Ale
Sonntagsbraten	traditionelles IPA, Ale im schottischen Stil, Brown Ale, ESB
Sushi	Kölsch, Cream Ale, Weizenbier im belgischen Stil, Gose
Thai	Saisonbier, traditionelles Pale Ale, Tripel, Bière de garde
Cajun	Pilsner im deutschen Stil, Pale Ale im amerikanischen Stil oder IPA, Dry Stout
Steak House	London Porter, Porter, Brown Ale, Scotch Ale
Indische Küche	Saisonbier, traditionelles IPA, Pale Ale im amerikanischen Stil, Pilsner im deutschen Stil
Kuchen & Eiscreme	Baltic Porter, Scotch Ale, Doppelbock, Old Ale
Patisserie	Gewürzbier im belgischen Stil (hell), Eisbock, Coffee Stout, Weizenbock
Käseplatte	Best Bitter, ESB, Barley Wine im britischen Stil, Oatmeal Stout
Schokoladentrüffel	kräftiges dunkles Ale, Double IPA, Barley Wine im britischen Stil, Fruchtbier

DIE ULTIMATIVEN GASTRO-TIPPS

ASIEN
Chinatown Complex (Good Beer Company w/hawker stall food), Blk 335 Smith Street, Singapur
Kaiba, 739 Ding Xi Lu, ChangNing. Shanghai, China
The Globe, Garley Building, 45–53 Graham Street, Central, Hong Kong, China

AUSTRALIEN
Cammeray Craft, 504 Miller Street, Cammeray
Merricote, 81 High Street, Melbourne
Rag & Famish Hotel, 199 Miller Street, North Sydney
Statler & Waldorf, 25 Caxton Street, Brisbane
Tani Eat & Drink, 100 Gavan Street, Bright, Victoria
The Alliance Hotel, 320 Boundary Street, Brisbane

BELGIEN
Bierbrasserie Cambrinus, 19 Philipstockstraat, Brügge
Botteltje, 19 Louisastraat, Ostende
Dock's Café, 7 Jordaenskaai, Antwerpen
Nuetnigenough, Rue du Lombard, Brüssel
Pichet du Père Marlet, 48 Rue Marcel Lespagne, Hastière
Restobières, 20 Rue Emile Wauters, Brüssel
't Hommelhof, 17 Watouplein, Watou

DEUTSCHLAND
Altes Mädchen, Lagerstraße 28 b, Hamburg
Das Meisterstück, Hausvogteiplatz 3–4, Berlin
Kloster Andechs, Bergstraße 2, Andechs
Red Hot, Amalienstraße 89, München

FRANKREICH
Graindorge, 15 rue de l'Arc de Triomphe, Paris
Le Café Sillon, 46 avenue Jean-Jaurès, Lyon
Le Palégrié, 8 rue du Palais Grillet, Lyon
Qui Plume la Lune, 50 rue Amelot, Paris
Restaurant Le Bloempot, 22 rue des Bouchers, Lille

GROSSBRITANNIEN
Bunch of Grapes, Ynysangharad Road, Pontypridd, Wales
Dawsons Restaurant & Bar, Castle Hotel, High Street, Conwy, Wales
Le Gavroche, 43 Upper Brook Street, London, England
Musa Art & Music Café, 33 Exchange Street, Aberdeen, Schottland
Ox and Finch, 920 Sauchiehall Street, Glasgow, Schottland
The Anchor, Main Street, Walberswick, Suffolk, England
The Anderson, Union Street, Fortrose, Schottland
The Belgian Monk, 7 Pottergate, Norwich, England
The Bull, 13 North Hill, Highgate, London, England
The Cross Keys, 107 Water Lane, Leeds, England
The Feathered Nest, Nether Westcote, Oxfordshire, England
The Felin Fach Griffin, Felin Fach, Brecon, Wales
The Oast House, The Avenue Courtyard, Crown Square, Manchester, England
The Olive Branch, Main Street, Clipsham, Rutland, England
The Rutland Arms, 86 Brown Street, Sheffield, England
The Scran & Scallie, 1 Comely Bank Road, Stockbridge, Edinburgh, Schottland
White Horse on Parson's Green, 1-3 Parson's Green, London, England

ISRAEL
Bardak, 38 Keren Hayesod Street, Jerusalem

ITALIEN
Bir & Fud, 23 via Benedetta, Rom
La Ratera, 22 via Luigi Ratti, Mailand
La Taberna, 49 Vicolo Del Duomo, Palestrina
Lambiczoon, 46 via Friuli, Mailand
Ora d'Aria, 11R via dei Georgofili, Florenz
Osteria a Priori, 39 via dei Priori, Perugia

JAPAN
Bakushuan, Yoshimatsu Bldg. 2F, 2–27–1 Kita-Otsuka, Toshima-ku, Tokio
Nawlins, 1–8 Odakicho, Yokosuka, Kanagawa
Wachi, 4F 571 Obiyacho, Nakagyo-ku, Kyoto

KANADA
Au Pied de Cochon, 536 Avenue Duluth East, Montréal, Québec
Bar Stillwell, 1672 Barrington Street, Halifax, Nova Scotia

Beerbistro, 18 King Street East, Toronto, Ontario
Chambar, 568 Beatty Street, Vancouver, British Colombia
Le Select Bistro, 432 Wellington Street West, Toronto

LATEINAMERIKA
Aconchego Carioca, Alameda Jaú, 1372 – Jardim Paulista, São Paulo, Brasilien
Mocotó, Avenida Nossa Senhora do Loreto, 1100 – Vila Medeiros, São Paulo, Brasilien
Product C, Avenida Escazu, Escazu San Jose, Costa Rica
Pujol, 254 Francisco Petrarca, Mexico City, Mexiko
Zapata Resto Bar, 2492 Avenida Hernan Cortes, Santiago, Chile

NEUSEELAND
Depot Eatery & Oyster Bar, 86 Federal Street, Auckland
Pomeroy's Old Brewery Inn, 292 Kilmore Street, Christchurch
The Hop Garden, 13 Pirie Street, Mt. Victoria, Wellington

NIEDERLANDE
Dégust, 38 Hoofdstraat, Hoogeveen
Dwars, 24 Egelantiersstraat, Amsterdam
Lieve, 88 Herengracht, Amsterdam
ONS, 41 Walstraat, Enschede

ÖSTERREICH
Friesacher Einkehr, Brunngasse 6, Anif, Salzburg

SKANDINAVIEN
Akkurat, 18 Hornsgatan, Stockholm, Schweden
Brewpub, Vestergade 29, Kopenhagen, Dänemark
Bryggen Tracteursted, Bryggestredet, Bergen, Norwegen
Den Tatoverede Enke, Baron Boltens Gaard, Gothersgade 8, Kopenhagen, Dänemark
Fairbar, Nørre Allé 66, 8000 Århus C., Dänemark
Ölrepubliken, 2B Kronhusgatan, Gothenburg, Schweden

SPANIEN
BierCaB, 55 Muntaner, Barcelona
Celler Cal Marino, 54 Carrer de Margarit, Barcelona

TSCHECHISCHE REPUBLIK
Maso & Kobliha, 23 Petrská, Prag
Nota Bene, 4 Mikovcova, Prag

USA
Birch & Barley, 1337 14th Street NW, Washington D. C.
Blue Nile, 2027 Franklin Ave. East, Minneapolis, Minnesota
Cochon, 930 Tchoupitoulas Street, New Orleans, Louisiana
Eastern Standard, 528 Commonwealth Avenue, Boston, Massachusetts
Ebenezer's Pub, 44 Allen Road, Lovell, Maine
Euclid Hall, 1317 14th Street, Denver, Colorado
Farmhouse Tap & Grill, 160 Bank Street, Burlington, Vermont
Father's Office, 1018 Montana Avenue, Santa Monica, Kalifornien
Gramercy Tavern, 42 East 20th Street, New York City, New York
Higgins Restaurant, 1239 SW Broadway, Portland, Oregon
Hopleaf, 5148 N Clark Street, Chicago, Illinois
Leon's Full Service, 131 E Ponce de Leon Avenue, Decatur, Georgia
Meddlesome Moth, 1621 Oak Lawn Avenue, Dallas, Texas
Michael's Genuine Food & Drink, 130 NE 40th Street, Miami, Florida
Monk's Café, 264 South 16th Street, Philadelphia, Pennsylvania
Public House, 3355 Las Vegas Blvd South (in The Venetian), Las Vegas, Nevada
Rhubarb, 7 SW Pack Square, Asheville, North Carolina
The Monk's Kettle, 3141 16th Street, San Francisco, Kalifornien
Three Three Five, 335 North Broadway, Green Bay, Wisconsin
Toronado Seattle, 1205 NE 65th Street, Seattle, Washington

REGISTER

Abtei-Stil, dunkle Starkbiere
Dubbel 45, 69, 99, 108, 116, 119, 165, 191
Quadrupel 45
dunkles Stark Ale 45, 151
Aconchego Carioca, São Paulo, Brasilien 148, 148
Adams, Mitchell 170, 170
Affinieren 147
Ales
bitter, hopfenbetont 28–30
dunkel und röstig 40–41
Altes Ägypten 12
Amazonisches Bier 59
Amber Ale *siehe* Brown Ale
Amerikanische Barküche 72–73, 73
Anchor Pub, The, Walberswick, Suffolk, England 186
Anchovis 124
Ausbackteig 115, 115
Austern 65, 90, 122
Aylur, Sriram 100, 100

Baccalà mit Muschel-Couscous 168
Baird Brewing Company, Japan 127
Barley Wine/Old Ale
Barley Wine, amerikanischer Stil 46
Barley Wine 23, 80, 116, 119, 162
Barley Wine, britischer Stil 46
Old Ale 46, 156
Wheat Wine 46
Barsnacks 80
Barton Arms, Aston, Birmingham, England 65
Bayerische Bierzelte 66–67
Beaumont, Stephen
Brewpub Cookbook 114, 144
Great Canadian Beer Guide 6
A Taste for Beer 6
Beerbistro, Toronto, *Kanada* 111, 135
Belgische Küche à la bière 69, 69
Berliner Weisse 51
Best Bitter 26, 28, 64, 65, 119, 123, 142, 186
Bier als Kochzutat 16–23
Bierküche, cuisine à la bière 83
Biersenf 135, 137
Bierstile 212–217
Blaubeer-Ricotta-Beignets mit Stout-Schoko-Dip 192
Bock/Doppelbock
Bock 44, 66, 89, 99, 119, 123
Doppelbock 44, 54, 66, 89, 99, 116, 119, 138
Eisbock 44
Bosley, Martin 181, 182, 191
Brueghel, Pieter, der Jüngere 12
BrewDog 16
Brewers Association 26
Brezel 94
Bristol Beer Factory 64
Brown Ale 23, 36–37, 104, 107, 116, 119, 151, 175
Altbier 36
Amber Ale 36, 116, 156, 192
Hopfiges Brown Ale

(amerikanischer Stil) 36, 119, 122
Imperial Altbier 36
Oatmeal Brown Ale 36
Ale im schottischen Stil 36
Stout Sauce 136
Brownies 116
Schokoladenbrownies mit Trockenpflaumen 191
Bull Pub, Highgate, London 170
Burger 73, 111, 112, 124
Burton-upon-Trent, England 18–19

CAMRA Good Beer Guide 186
Champagner 64, 73
Cooper, Andrew 170
Couttenye, Stefan 69
Cruickshank, Sally 186
Currys 97, 100, 108, 122

Darren 20
Desserts 99, 116, 210–211
Deutsche Weißbiere
Dunkelweizen/Weißbier Dunkel 52, 66
Gose 52, 124, 124
Hefeweizen/Weißbier/Hefeweissbier 23, 52, 54, 90, 97, 97, 107, 119, 123, 142, 148, 156, 166
Kristallweizen 52
Dillon, Leslie 114, 185
Doppelbock *siehe* Bock/Doppelbock
Dorber, Mark 186
Dubbel *siehe* Abtei-Stil
Dunkelweizen/dunkles Weißbier *siehe* Starke malzbetonte Biere 35–39
Dunkles Ale *siehe* Abtei-Stil, dunkle Starkbiere
Dunkles Lager 38–39, 192
Dunkles/bernsteinfarbenes Lager 39
Dunkles Lager 36, 39, 66, 122, 142, 151
Schwarzbier 39, 123, 148, 168
Dünsten 108

Edamame, in Stout gedünstet 131
Eierspeisen, Brot & Gebäck 198–199
Eintöpfe 69, 90, 108, 108
Eis 93, 93, 99, 116
Eisbock *siehe* Bock/Doppelbock
Englisches Frühstück 65
Ente 107
Escoffier, Auguste 83
Essig 112
Extra Special Bitter (ESB) 65

Faktor Süße, Der 99, 99
Fassgereifte Biere 58
Fayt, Alain 177, 177, 178
Feijoada 148
Fettreiche Speisen 73, 94, 97
Fisch 93, 124, 166, 170
Baccalà mit Muschel-Couscous 168
Fisch & Meeresfrüchte 202–203
Fish & Chips 64, 65, 73, 115, 170, 186

Heilbutt mit Zitronen-Haselnusskruste in Sauce Bière blanche 155
Hopfengeräucherter Lachs mit Bier-Sauce Hollandaise 173
pochiert, in Biersauce 204
Räucherfisch 87
Fruchtbier 23, 107, 116
Frucht-Ale 57
Framboise 56
Frucht-Lambic 56
Fruchtweißbiere 57
Himbeerweizen 57
Kriek (Oude) 56

G. Schneider & Sohn, Weissbier Brauerei, Kelheim, Deutschland 97
Garnelenmarinade 107
Garofalo, Salvatore 166, 168
Gärung 20, 21, 26
Gasthof 12–13
Gastropubs 13, 186
Gemüse 210
Gerstenmalz 20, 112
Gewürzbiere 165
Gewürzbier im belgischen Stil 55, 99, 119
Kürbisbier 174
New-World-Gewürzbier 55
Sahti 55
»Gin-Palast« 62
Gläser 118, 118
Glutenfreie Biere 23
Goh, Daniel 132, 132
Golden Ale 23, 32–33, 69, 99, 107, 116, 156
Enkel/Single im belgischen Stil 33
Tripel/Triple im belgischen Stil 33, 93, 116, 189
Cream Ales/Steam Beer 33
fruchtig 107
Goldgelbe/helle Ales 32, 181
Kölsch 32, 90, 93, 119, 159
Good Beer Company 132
Gose *siehe* deutsche Weißbiere
Great American Beer Festival Competition 26
Grillen 111
Gruit 94
Grünhopfung 22
Grünkohl
Rösti mit Grünkohl, Ziegenkäse & Beurre blanc à la bière 188–189
Gueuze *siehe* Lambic-Biere

Haferstout *siehe* Oatmeal Stout
Hähnchen 73, 93, 107, 123, 124, 144
In Bier mariniertes frittiertes Hähnchen (kara-age) 128
Hamburger 73, 94
Hauptgerichte 111
Hecht, Susanne 97
Hefe 20–21
Hefeweizen *siehe* Deutsche Weißbiere
Heilbutt
Heilbutt mit Zitronen-Haselnuss-

kruste in Sauce Bière blanche 155
Helle und nicht zu bittere Biere 32–34
Helles Lager 34, 69, 124
Helles 34, 66, 67, 75, 90, 99, 107, 119, 122–123, 189
Märzen/Oktoberfestbier 34, 66
Wiener Lager 34, 104, 108, 128
Helles/goldgelbes Bitter 28
Hering 87, 124
Higgins Restaurant, Portland, Oregon 152, 152
Higgins, Greg 152, 155
Hopfen 22, 22, 94, 94, 108, 112, 138
Hopfengeräucherter Lachs mit Bier-Sauce Hollandaise 173
Tomatensandwich mit hopfengereiftem Cheddar 147
Hopfenweisse 97, 142
Hot Dogs 90
Huhn, Lamm & Ente 208–209

India Pale Ale (IPA) 22, 26, 28, 64, 80, 99, 100, 108, 122
amerikanisches IPA 28, 116
belgisches IPA 28
schwarzes IPA 28
Double oder Imperial double oder Imperial 28, 116
Gläser 118
leicht gehopft 173
rotes IPA 28
leichtes IPA 28
zu scharfem Essen 135
traditionell 28, 119
Triple IPA 28
weißes IPA 28
Internationalisierung der Bierküche 122–123
Isacsson, Stene 87, 87

Jackson, Michael 75, 186
Michael Jackson's Beer Companion 83
The World Guide to Beer 26
Japanische Izakaya 75, 76
Japanische Bierkulinarik 127

Kaffeebier 59
Kalbfleisch 138
Kalthopfung 22, 69
Kammmuscheln mit Zuckermais und Barley Wine-Tapioka 162
Kaninchen 69, 107
Kartoffeln
Rösti mit Grünkohl, Ziegenkäse und Beurre blanc à la bière 188–189
Käse
Belgischer Käse 69
Blaubeer-Ricotta-Beignets mit Stout-Schoko-Dip 192
Käsegerichte 200–201
Tomatensandwich mit hopfengereiftem Cheddar 147
Rösti mit Grünkohl, Ziegenkäse & Beurre blanc à la bière 188–189
Kennedy, Jim 152

Kitchen Brewery 23
Klippfisch *siehe* Baccalà mit Muschel-Couscous 168
Kohlensäure 73, 76, 94, 96, 115
Kokosnuss
    Muscheln in Kokosnuss-Bier-Sauce 158–159
Kölsch *siehe* Golden Ale
Kombination und Kontext 93, 93
Komplementäre Kombinationen 88–89
Konfitüre 112
Kontrast und Kontrapunkt 90, 90
Kontrast, »schneidend« 76
Kuchen 89, 97, 99, 116
    Schoko-Rote-Bete-Kuchen mit Stout 194–195
Kürbis
    Kürbis-Stout-Grits 165
    Kürbisbier 58–59

La Ratera, Restaurant, Mailand 166
Lachs
    Hopfengeräucherter Lachs mit Bier-Sauce Hollandaise 173
    salty foods 73, 94
Lagerbier 20, 72, 87, 100, 115, 124, 124
    Imperial Pale 31
    kohlensäurehaltig 73
    leicht 72, 75
    trocken 75, 75
    trocken-bitter 31
Lagerung von Bier 119
Lambic 23, 26, 48, 112, 114, 119, 166
    Gueuze Lambic 48, 69, 107, 177, 186
    Reines Lambic 48
    Gesüßtes Gueuze 48
Lamm 107, 108, 114
    Lammstelzen in Porter mit frischem Thymian 185
    Lamm-Tajine 182
Limabohnen
    In Craft-Bier gebackene Bohnen auf getoastetem Biertreberbrot 174–175
Lupulin 22

Maillard-Reaktion 99
Mälzen 20
Malzige Biere 69, 108 *siehe auch* Starke malzbetonte Biere
Malzsirup 161
Marinieren 107, 111, 144
Märzen 26, 34
Mass und Halbe 67
McGee, Harold
    On Food and Cooking 107
McMillan, David 161, 162, 165
Meddlesome Moth, Restaurant, Dallas, Texas 161
Meeresfrüchte 108, 123, 202–203
Mercurio, Paul 156, 158, 194
    Cooking with Beer 156
Mikrobrauereien 80
Mild Ale 35, 107, 119, 186
    Imperial Mild 35
    Milk Stout
    Kürbis-Stout-Grits 165
Miller Lite 72
Miller, Neil 181
Mischgärung 26, 49, 55, 57, 112, 114

Morin, Brian 111, 135
Münchener Oktoberfest 67
Muscheln 108
    Muscheln im Weinsud, Muscheln mit Witbier 69, 84
    Muscheln in Kokosnuss-Bier-Sauce 158–159

Nachos 73, 94, 94, 124
Neuseeländisches/Aotearoa Pilsner und Pale Ale 59
New-World-Stile mit Mischgärung 49

Oakes, Josh 124, 124
Oatmeal Stout 23, 40
Ochsenschwanzsuppe mit Graupen 138, 141
Old Ale *siehe* unter Barley Wine/Old Ale
ölige Speisen 94, 97
Ort, David
    Canadian Craft Beer Cookbook 114
Ou, Joon 127, 127, 128
Oud Bruin 36
Oxford Companion to Food 64

Pale Ale 22, 28, 64, 90, 107, 108, 116, 119, 122, 123, 123, 124, 132, 173
Passerelli, Eduardo 148, 148, 151
Pasta 90, 108, 166
Pasta, Pizza & Reis 204–205
Paxton, Sean 111, 138, 138, 141
Pfannengerichte 123
Pflaumen 135
    Schokoladenbrownies mit Trockenpflaumen 191
Pilsner 19, 31, 66, 69, 87, 90, 99, 104, 119, 122, 156
    böhmischer oder tschechischer Stil 31, 71, 71
    deutscher Stil 31
    internationaler Stil 31
    Imperial 31
    Neuseeländisches/Aotearoa Pilsner und Pale Ale 59
Pizza 76, 76, 97, 124
Ploughman's Lunch 186
Pochierte Früchte 116
Porter 64, 87, 90, 107, 114, 122 *siehe auch* Stout/Porter
Princess Louise, Holborn, London 62
Pudding 99, 116
Purity Brewing Co., Warwickshire 19
Pute 107

Quadrupel *siehe* Abtei-Stil, dunkle Starkbiere
Quilon Restaurant, London 100

Ratebeer.com 93
rauchige Biere 42–43, 87
    Grodziskie/Grätzer 42
    Rauchbier 39, 42, 66, 148
    Smoked Porter/Stout 42
Reifungsphase 22
Reinheitsgebot 16, 23
Restobières, Brüssel, Belgien 177
Rinaldi, Marco 166

Rindfleisch
    Carbonnades de Bœuf à la Flamande 69, 178
    Marinade 107
    Rindfleisch-Nieren-Pastete 65
    Rindfleischpastete 76
    Rind & Schwein 206–207
Roggen
    Rogue Ales 23
    Rye Pale Ale/Rye PA 23, 59
Rote Bete
    Schoko-Rote-Bete-Kuchen mit Stout 194–195
    rote und braune Biere im flämischen Stil
    Flämisches Braunbier 50, 178
    Flämisches Rotbier 50, 69, 112, 132, 178

Saint Tavern, Toronto, Kanada 135, 135
Saisonbier 30, 119, 132, 156, 161, 188
Salatsaucen 112
Salzlake 107
Samichlaus 6
Sandwiches
    Tomatensandwich mit hopfengereiftem Cheddar 147
Saunders, Lucy 111, 144, 147, 192
    Cooking with Beer
    Dinner in the Beer Garden 124
Saure, spontan oder mischvergorene Biere 48–50
Sausage Rolls 186
Schankbiere 186
scharf gewürzte Speisen 73, 94, 97, 100, 135
Schinken 107
Schlabs, Keith 161
Schmoren 114, 115
Schneider, Georg 96
Schokolade 97, 99, 116
    Blaubeer-Ricotta-Beignets mit Stout-Schoko-Dip 192
    Schoko-Rote-Bete-Kuchen mit Stout 194–195
    Schweinerippchen in Schokoladen-Bier-Sauce 151
    Schokoladenbrownies mit Trockenpflaumen 191
Schottische Ales
    Scotch Ale 46, 99, 99, 108, 119, 144, 151, 182, 185
    Schottisches Torf-Ale 46
Schwarzbier *siehe* dunkles Lager
Schwedisches Bier 87
Schweinefleisch 66–67, 67, 76, 89, 90, 97, 97, 166, 186
    In Bier geschmorter Schweinebauch mit Cajun-Gewürzkruste 142
    Schweinefleischpasteten 104, 112, 186
    Schweinerippchen in Schokoladen-Bier-Sauce 151
Senf 112, 121
    Biersenf 121, 135, 137
Slosberg, Peter 116
Spargel 93
Spezialmalze 20
Starke malzbetonte Biere 44–47
Steenson, Warren 152

Stockfisch *siehe* Baccalà mit Muschel-Couscous
Stone Brewing Co. 16
Stout-Sauce 136
Stout/Porter 20, 23, 40–41, 65, 90, 112, 116, 119, 156, 173
    Baltic Porter 40, 192
    Dry Stout/Stout im irischen Stil 40
    Hopfiges Porter 28
    Imperial Stout 40, 99, 186, 192, 195
    London Porter 40
    Oatmeal Stout 23, 40
    Porter 40
    Stout, adstringierend 138
    Stout, in Stout gedünstete Edamame 131
    Süßes Stout 107
    White Stout 40
Sumerer 12
Suppen 90, 115, 123
    Ochsenschwanzsuppe mit Graupen 138, 141
svetlý 71

Taschenkrebs 132
Teigtaschen 108
Trappistenbiere 69, 93, 93, 118, 118
Tripel/Triple *siehe* Golden Ale
Trockene Biere 75
Trocknen (Darren) beim Mälzen 20
Tschechische Knödel 70–71, 71

Vallins, Jesse 135, 135, 136, 137
Venusmuscheln 90, 108
    Klippfisch mit Muschel-Couscous 168
Visser, Margaret
    The Rituals of Dinner 10
Voodoo Doughnut 23

Wasser 18–19, 19
Waterzooi 69, 177
Wein 10, 94, 100, 138
Weißbier *siehe* Deutsche Weißbiere
Weiße Bohnen
    In Craft-Bier gebackene Bohnen auf getoastetem Biertreberbrot 174–175
Weizenbier im nordamerikanischen Stil 53
Wheat Ale 23, 53
Weizenbier, belgischer Stil 51
Witbier/Bière blanche/White beer 23, 51, 69, 84, 93, 148
Weizenbiere 23, 75, 107, 166
    im belgischen Stil 107, 132, 155, 158, 168
    erfrischend & körperarm 51–53
Weizenbock im deutschen Stil 54, 66, 119, 166, 195
Wheat Ales 119
Wheat Wines 23, 46
White Horse Gastropub, Parson's Green, London 186
Wild 107
Wildcards 58–59
Witbier *siehe* Weizenbier, im belgischen Stil
Würstchen 65, 89, 135, 177
Würzmittel 112, 112

BILDNACHWEIS

Spezielle Fotos:
Vielen Dank an Peter Cassidy für die Fotos im Rezeptteil, Emily Kydd für das Food-Styling und Iris Bromet für die Fotorequisiten.

Kombinationstabellen (Kapitelaufmacher):
Bierflaschenfotos von Peter Cassidy.
Fotorecherche Emily Hedges

Der Verlag dankt den folgenden Quellen für die Erlaubnis, ihre Fotografien im vorliegenden Buch zu reproduzieren:

Cover-Rückseite: links und rechts Jacqui Small/Peter Cassidy; Mitte Stone Brewing Co.; Seite 2 Beer Lens; 6 Beer Lens; 7 BrewDog; 8 Beer Lens; 11 oben The Craft Beer Co.; 11 unten Beer Lens; 12 © Corbis/Bettmann; 13 Private Collection/Photo © Christie's Images/ Bridgeman Images; 14 Simon Murrell für Jacqui Small; 16 The Craft Beer Co.; 17 BrewDog; 18 Shutterstock.com/Dominique de La Croix; 20 oben Shutterstock.com/Eugenia Lucasenco; 20 unten Shutterstock.com/Dave M. Hunt; 21 Shutterstock.com/saiko3p; 22 Shutterstock.com/; Jan Faulkner; 23 Shutterstock.com/Best Photo Studio; 24 CRATE Brewery; 27 Beer Lens; 60 Liszt Collection/Heritage Images/Getty Images; 62 Beer Lens; 63 SSPL/Getty Images; 64 The Craft Beer Co.; 65 Beer Lens; 66 München Tourismus/Foto Werner Boehm; 67 links München Tourismus/Foto Frank Bauer; 67 rechts Bayern Tourismus; 68 oben Shutterstock.com/ Natalia Lisovskaya; 68 unten links Beer Lens; 68 unten rechts Shutterstock.com/Dubassy; 70 links U Fleku; 70 rechts Simon Murrell für Jacqui Small; 72 Beer Lens; 73 links Shutterstock.com/Joshua Resnick; 73 rechts The Craft Beer Co.; 74 oben und unten Shutterstock.com/twoKim; 75 Shutterstock.com/ Aaron Choi; 77 CRATE Brewery; 78 BrewDog; 81 oben Beer Lens; 81 unten The Craft Beer Co.; 82 oben Beer Lens; 83 Beer Lens; 84 Shutterstock.com/oldbunyip; 86 Foto von Steen Isacsson/Patrik Lindqvist; 88 mit freundlicher Genehmigung von Fuller's; 89 Shutterstock.com/Maxim Kostenko; 91 BrewDog; 92 oben Beer Lens ; 92 unten mit freundlicher Genehmigung von Fuller's; 95 oben Shutterstock.com; 95 unten links und rechts John Carey für Jacqui Small; 96 oben und unten links Schneider Weisse; 96 unten rechts mit freundlicher Genehmigung von Susanne Hecht; 98 oben The Craft Brewing Co.; 98 unten Shutterstock.com/ Margoe Edwards; 99 mit freundlicher Genehmigung von Fuller's; 101 mit freundlicher Genehmigung von Sriram Aylur; 102 CRATE Brewery/Matt Russell; 104 The Craft Beer Co.; 105 und 106 Stone Brewing Co.; 109 Shutterstock.com; 110 U Fleku; 111 links Shutterstock.com; 111 rechts Thornbridge Brewery; 113 oberes Foto mit freundlicher Genehmigung von Fuller's; 113 unten Beer Lens; 114 Shutterstock.com; 115 Shutterstock.com/Brent Hofacker; 117 oben links Thornbridge Brewery; 117 oben rechts Shutterstock.com/Liliya Kandrashevich; 117 unten Shutterstock.com/Letterberry; 118 Beer Lens; 120 Shutterstock.com/Freeskyline; 122 Shutterstock.com/Natalia Lisovskaya; 123 Stone Brewing Co.; 125 oberes Foto mit freundlicher Genehmigung von Josh Oakes; 125 unten John Carey für Jacqui Small; 126 oben und unten ©Fumiaki Yamazaki; 133 mit freundlicher Genehmigung von Daniel Goh; 134 oben und unten mit freundlicher Genehmigung Jesse Vallins; 139 und 140 mit freundlicher Genehmigung Sean Paxton; 145 Foto oben links mit freundlicher Genehmigung von Lucy Saunders; 145 oben rechts Shutterstock.com; 145 unten Shutterstock.com/Stockcrea-tions; 149 mit freundlicher Genehmigung Eduardo Passerelli; 153 John Valls; 157 oben und unten mit freundlicher Genehmigung von Paul Mercurio; 160 mit freundlicher Genehmigung von David McMillan; 167 mit freundlicher Genehmigung von Salvatore Garofalo; 171 mit freundlicher Genehmigung von Mitch Adams; 176 CityPlug.com/Elliott Laub; 80 mit freundlicher Genehmigung von Martin Bosley; 187 oberes Foto mit freundlicher Genehmigung von Mark Dorber/Sarah Groves; 187 unteres Foto mit freundlicher Genehmigung von Mark Dorber/ Roy Strutt Photography; 196 The Craft Beer Co.; 198 oben Mandel- und Kokospfannkuchen mit gebratenen Gewürzpflaumen aus *Gut Gastronomy* (Vicki Edgson & Adam Palmer), Fotos von Lisa Linder; 198 unten Sonhos aus *World's Best Cakes* (Roger Pizey), Fotos von Sarka Babicka; 200 oben Einfacher Salat mit Ziegenkäse aus *A Country Cook's Kitchen* (Alison Walker), Fotos von Tara Fisher; 200 Mitte Blu di Langa, unten Gebackener Vacherin aus *Cheese* (Patricia Michelson), Fotos von Lisa Linder; 202 oben Räucherlachs mit Ziegenkäsesalat und Met-Dressing, unten Seebarsch mit gebratenem Gemüse und Limabohnen-Sauce aus *Fitness Gourmet* (Christian Coates), Fotos von Yuki Sugiura; 204 oben Tagliatelle mit Spargel, Mandeln und Minze aus *Love Italian Food* (Maddalena Caruso und Stefano Scatà), Fotos von Stefano Scatà; 204 unten Kalte Sesamnudeln aus *Asian Cook* (Terry Tan), Fotos von Michael Paul; 206 oben Texas Porterhouse Steak mit scharfer Chili-Sauce und Zwiebelringen aus *Steak* (Paul Gayler), Fotos von Peter Cassidy; 206 Mitte Bloody Mary Burger aus *Burgers* (Paul Gayler), Fotos von Gus Filgate; 206 unten Wildschweinwürste mit Fenchelkartoffeln und Tomaten-Chermoula aus *Sausages* (Paul Gayler), Fotos von Will Heap; 208 oben Steinpilz-Haselnussbutter mit Thymian und Knoblauch aus *Chicken & Other Birds* (Kevin Summers); 208 unten Murgh Makhna aus *Chicken & Other Birds* (Paul Gayler), Fotos von Kevin Summers; 210 oben Wurzelgemüse-Masala aus *Honestly Healthy for Life* (Natasha Corrett & Vicki Edgson), Fotos von Lisa Linder; 210 Mitte Kichererbsen-Süßkartoffel-Eintopf aus *Honestly Healthy* (Natasha Corrett & Vicki Edgson, Lisa Linder); 210 unten Vanilla Cheesecake aus World's Best Cakes (Roger Pizey), Fotos von Sarka Babicka; 213 oben Wildpasteten aus *A Country Cook's Kitchen* (Alison Walker), Fotos von Tara Fisher; 213 Mitte herzhaftes holländisches Frühstück aus *Cheese* (Patricia Michelson), Fo-tos von Lisa Linder; 213 unten gebratene Stuben-küken mit Zitronen-Kräuterpüree aus *Chicken & Other Birds* (Paul Gayler), Fotos von Kevin Summers; 215 oben Taglierini mit Grünkohl und scharfer Würstchensauce aus *Sausages* (Paul Gayler), Fotos von Will Heap; 215 Mitte Kurz gebratene Blutwurst mit Kohl, Salbeisauce und Apfel-Chutney aus *Sausages* (Paul Gayler), Fotos von Will Heap; 215 unten Rosticini mit Polenta, Balsamico-Auberginen und Tomaten aus *Sausages* (Paul Gayler), Fotos von Will Heap; 216 oben Hähnchen mit Orangenblütenhonig, Tomaten und Kichererbsen aus *Chicken & Other Birds* (Paul Gayler), Fotos von Kevin Summers; 216 Mitte Hühnerleberpastete aus *A Country Cook's Kitchen* (Alison Walker), Fotos von Tara Fisher; 216 unten Devil's Food Cake aus *World's Best Cakes* (Roger Pizey), Fotos von Sarka Babicka

DANK DES VERLAGS

Der Verlag dankt den vielen Brauereien weltweit, die uns freundlicherweise Fotos ihrer Biere, Flaschenetiketten sowie von Bierkneipen, Gerichten und Brauereianlagen zur Verfügung gestellt haben. Unser Dank gilt darüber hinaus allen Online-Händlern, Biershops und Brauereien, die uns beratend zur Seite standen und uns sowohl Bier als auch Lebensmittel als Motive für die im diesem Buch abgedruckten Fotos geschickt haben:

Ales by Mail www.alesbymail.com
Anspach & Hobday, 118 Druid Street, Bermondsey, London SE1 2HH www.anspachandhobday.com
Beer Ritz, www.beerritz.co.uk
Beer Shop, St Albans, 71 London Rd, St Albans, Hertfordshire, www.beershopstalbans.com
Beers of Europe, www.beersofeurope.co.uk
Fuller's Brewery, The Griffin Brewery, Chiswick Lane South, London W4 2QB www.fullers.co.uk
Kris Wines, 394 York Way, London N7 9LW, www.kriswines.com
Thornbridge Brewery, Riverside Brewery, Buxton Road, Bakewell, Derbyshire, DE45 1GS www.thornbridgebrewery.co.uk

DANK DES AUTORS

Es ist mir leider unmöglich, hier alle zu erwähnen, die zu meiner kulinarischen Entwicklung beigetragen haben – ob Köche, Gourmets, Brauer, Wirte, Restaurantchefs, Metzger, Käsehändler oder Feinkosthändler im Allgemeinen, und alle meine Tischgenossen. Einige werden in diesem Buch vorgestellt, andere weilen leider nicht mehr unter uns: meine Mutter Jean Beaumont, die mich in kulinarischer Hinsicht geprägt hat, und mein langjähriger Mentor und Freund Michael Jackson. Allen anderen, die mir ihre Rezepte überlassen haben oder die ich bei einem Glas Bier, einem Snack oder einem Mehr-Gänge-Menü kennengelernt habe, danke ich von ganzem Herzen für ihren Input. Ich hoffe auf eine baldige Gelegenheit, das gemeinsam Erlebte zu wiederholen. In fachlicher Hinsicht möchte ich meinem Verleger Jo Copestick und dem Team von Jacqui Small danken, die mich bei diesem Projekt unterstützt haben, meine Agentin Clare Pelino und allen Freunden in Toronto, die sich während der monatelangen Arbeit an diesem Buch mein Gejammer über Termindruck anhören mussten. Besonderer Dank gebührt Rob, Jim, Matt und allen in der Bar Hop, meiner Anlaufstelle, wenn der Stress wieder einmal überhandnahm, sowie Jean-Jacques, Frédéric und dem großartigen Personal des Le Select, des besten französischen Restaurants in ganz Toronto. Danke für diese traumhafte Oase der Ruhe. Mein größter Dank gilt meiner wunderbaren, verständnisvollen und nachsichtigen Frau Maggie. Liebling, ohne Dich hätte ich es nicht geschafft.